上海市松江区
非物质文化遗产保护发展
蓝皮书

（2005—2017）

SHANGHAISHI SONGJIANGQU
FEIWUZHI WENHUA YICHAN
BAOHU FAZHAN
LANPISHU

上海市松江区文化广播影视管理局 编著

文汇出版社

上海市松江区非物质文化遗产保护发展
蓝皮书（2005—2017）编委会名单

编委会主任：徐界生

副　主　任：胡　春

主　　　编：裴纹英　　陆春彪

编　　　委：杨雨清　　裴纹英　　陆春彪　　蔡丰明

　　　　　　徐华龙　　盛济民　　王永顺　　李艳梅

　　　　　　夏寸草　　徐俊国　　吴杨萍　　张　萌

　　　　　　王福友　　崔英超　　周昱灿　　俞慧超

2006年，第三届长三角地区民族乐团展演研讨会暨《十锦细锣鼓》鉴赏会

2008年，《十锦细锣鼓》参加中央电视台《欢乐中国行》节目录制

2008年，《十锦细锣鼓》在长三角非遗项目民俗展演中演出

2009年，《十锦细锣鼓》在第五届长三角地区民族乐团展演中演出

2009年，顾绣参加2010上海世博会秀空间活动

2010年，BMW中国文化之旅演出

2010年，松江区接待2010世博会国家参展方交流活动

2013年，顾绣参与中国、卢森堡师生友好交流活动

2013年，国家级非遗"顾绣"应邀参加2013年法国（卢浮宫）
国际非物质文化遗产博览会

上海市松江区非物质文化遗产保护发展
蓝皮书（2005—2017）

2013年，泰生活创意市集

2014年，佘山花寻桃花游园会

2015年，"非遗进校园"活动走进上海工程技术大学

2015年，参加清州（韩国）筷子庆典活动

2016年，顾绣应邀前往塞尔维亚、阿尔巴尼亚、斯洛文尼亚参加
"上海之帆"经贸文化代表团赴中东欧巡展

2016年，泰生活创意市集

2017年，"火红的中国"中国剪纸精品展暨上海松江民俗文化体验周在比利时举行

2017年，上海市级非遗"花篮马灯舞"参加2017中国（张家港）长江文化艺术节暨
第七届（张家港）长江流域民族民间艺术节

2017年，德国驻沪总领馆官员及德国交流团参观非遗传习基地

2018年，中德友好学校交流之非遗体验活动

目　录

上海市松江区非物质文化遗产
保护发展蓝皮书
（2005—2017）

第一章　总　论

党的十八大以来，以习近平同志为核心的党中央高度重视中华优秀传统文化，将其作为治国理政的重要思想文化资源。非物质文化遗产（非遗）是中华优秀传统文化在当代活态呈现的主体内容，是我们每一个人日常实践着的世代相传的生活方式。中华民族持有并传承着共同的非遗，烙印着区别于其他民族的独特的文化标识。非遗保护事业功在当代，利在千秋。大力开展非遗传播工作，就是要进一步增强社会公众的文化自觉和保护意识，建立起遗产保护的广泛的社会认同和深厚的群众基础。用镜头、笔墨、声音充分展现我国的非遗之美，展示非遗传承人和保护工作者的精气神，充分反映党的十八大以来，我国非遗保护工作取得的重要成果。我国自古以来有五千多年的悠久历史，一直都是一个以种植农田为主的农业文明古国，整体来说有很大一部分面积都是农村，几千年来我们拥有着丰富的农业文明非遗。21世纪是一个经济飞速发展的时代，我们现在的生活方式不一样了，农村非遗的保护也岌岌可危。当前，如何保护好农村非遗成了热点，这不仅仅是遗产问题还是深刻的社会问题，在我国经济走向全球化的过程中，农村非遗受到了一定的影响。我们之所以要继承那些非遗，是因为那是祖辈们留下的财产，是我们13亿人民共同的财富，也是不可再生的资源。在"互联网+"时代，保护非遗对我们来说是一个非常重要的问题。我们不能让非遗和时代脱离，一定要保留乡村生活的魅力和风俗，这是中华文明魅力的结晶。

非遗的保护与传承不仅关系到中华文明的传承，而且直接关系民生幸福。加强非遗的保护，让人民群众充分享受非遗保护成果，广泛参与到保护非遗的工作中去，才能真正实现对其有效保护、合理利用、传承发展，开创文化建设的新局面。政府在整理现有文化项目的基础上，重点关注古建类文化遗产的保护和转化，以及非遗项目的传承与文化品牌构建。其中，四大文化品牌包含：松江影视文化品牌的构建、江南雅俗文化的多元营造、全域旅游型特色城镇模式建设、社会公共文化生活的福祉建设。

第一节 2005—2017年上海松江非物质 文化遗产保护和利用发展报告

一、2005—2017年上海松江非遗保护和利用的背景、现状

松江是一座历史悠久的文化名城，千百年的文化积淀，孕育了大量多姿多彩别具松江地域特色的民族民间艺术。2005年8月以来，按照文化部和市有关要求，成立了松江区非物质文化遗产保护分中心，开始启动松江非遗普查保护工作。就目前普查情况看，散落在我区的非遗资源分为：一、民间文学；二、民间美术；三、民间音乐；四、民间舞蹈；五、戏曲；六、曲艺；七、民间手工技艺；八、消费习俗；九、民间知识；十、传统医药。

目前，松江区国家级非遗名录3项：顾绣、龙舞（舞草龙）、锣鼓艺术（泗泾十锦细锣鼓）。市级非遗名录9项（含国家级）：皮影戏、花篮马灯舞、余天成堂传统中药文化、上海米糕制作技艺、新浜山歌、海派剪纸艺术。区级非遗名录24项（含国家级、市级）：松江民间舞蹈（草龙舞、滚灯、水族舞）、松江民间山歌、江南丝竹、根雕工艺、叶榭竹编工艺、丝网版画、广利粽子制作技艺、沈娄竹编技艺、泗泾面塑制作技艺、"一合酥"制作技艺、张泽青龙饺制作工艺、张泽羊肉制作工艺、泗泾豆腐制作技艺、筷子习俗、终南形意拳。松江区国家级非遗项目代表性传承人2名：顾绣——戴明教，龙舞（舞草龙）——费土根。市级非遗项目代表性传承人18名（含国家级）：顾绣——朱庆华、高秀芳、吴树新、富永萍、钱月芳；泗泾十锦细锣鼓——彭景良、张洪生、顾岳连；舞草龙——顾仁林；花篮马灯舞——钱惠其；余天成堂传统中药文化——应博君；皮影

戏——陆留其、唐洪官；上海米糕制作技艺——顾火南；新浜山歌——郁跃峰；海派剪纸艺术——王雨扣。区级非遗项目代表性传承人59名(含国家级、市级)：顾绣——沈月仙、庄美金、张丽敏、高伟伟、杨婷、谷云辉、陈华琼、张莉、顾美珍、孙虹、沈丽莉、顾菊菊、吴燕；舞草龙——俞金希、谢德均；泗泾十锦细锣鼓——唐家昌、唐君毅、顾秀娟；余天成堂中医药文化——孙崧、唐晓峰、徐维民；松江皮影戏——朱锦洪；江南丝竹——陆振球、费云章、杨建国、费彩华；叶榭竹编工艺——俞水林、唐正龙；松江剪纸——钱炳荣、田宝琪、张效忠；丝网版画——周洪声、朱荫能、陆永清、张玉良；根雕工艺——戚来发；终南形意拳——顾泓刚；广利粽子制作技艺——王佩华；泗泾面塑制作技艺——马金城；叶榭软糕制作工艺——顾卫忠、张春辉。

2005—2017年加大保护力度，建立保护基地，比如对顾绣和云间古乐团队进行建设、在叶榭镇建立舞草龙保护基地；继续挖掘民间资源，恢复一些特色项目，比如皮影戏保护、恢复停演多年的花篮马灯舞；继续做好基础建设，不断规范管理工作；逐步汇集普查成果，申报国家级、市级名录；创新模式，促进传承，加强宣传；通过国家文化部、市非遗保护中心督查；对各级非遗名录、传承人加大保护力度，加强保护措施；举办特色活动，推广松江优秀民间文化；着力打造余天成堂传统中药文化；保护民族文化，结合"文化和自然遗产日"开展各类非遗特色活动；坚持传承发展，开展、参加各类展览、展演、讲座、培训班。

二、新语境下的松江非遗保护和利用的问题与挑战

(一)非物质文化遗产遭遇危机

1. 全球化带来的危机

全球化是近年来出现的世界性潮流和趋势，对推动国际政治、经济、文化等领域的交流发挥了积极的作用，但其对文化多样性的损害也不容忽视。《保护非物质文化遗产公约》指出："承认全球化和社会转型进程在为各群体之间

开展新的对话创造条件的同时，也使非遗面临损坏、消失和破坏的严重威胁，在缺乏保护资源的情况下，这种威胁尤为严重"，"目前世界上文化物品的流通和交换所存在的失衡现象是对文化多样性的一种威胁"。这一判断警醒人们：全球化和社会转型并非百分之百的"现代文明"，在现代文明进程中，往往还伴随着"现代野蛮"的严重破坏与威胁，而且这种威胁日益严重。

随着经济全球化的纵深发展，文化的趋同现象越来越成为突出的问题。美国的现代文化产品几乎"占领"了世界上每一个角落。美国文化中赤裸裸的暴力、色情、变态、魔幻等丑恶倾向，美国文化垄断国际市场的霸气，以及包括文化发展在内的"一切向钱看"的倾向，具有明显破坏文化多样性的嫌疑。文化自由化泛滥的恶果已经在许多国家和地区显示出来，大国、富国文化正在主宰这个原本文化多样性的世界，穷国、弱国或不发达地区的文化面临着迅速消失的可怕灾难。文化产品贸易自由化的泛滥，使得经济不发达的国家保护民族文化的特殊性变得更加困难；与此同时，民族文化传人群体的艺术传承活动也正受到全球化市场规则的威胁。20世纪70年代在全世界通用着的语言还有8 000种，可是仅仅过了20多年就减少了2 000多种。现存的6 000多种语言中，处于弱势的少数民族语言正在迅速灭绝。由于全球网络通用语言的普及，口头语言灭亡的速度还在加快。而民族口头语言的灭亡意味着世界文化多样性的减少，在语言丢失的同时，原以这种语言为载体的文化也必然随之丧失。令人遗憾的是，许多少数民族在"现代野蛮"的摧残下，为了生存不得不放弃与生俱来的母语和本土文化，被迫卷入到全球化的汹涌潮流中。文化是人类的第一财富，各民族多样的文化都具有同样的价值。文化多样性的重要程度丝毫不亚于生物多样性。如果文化的多样性受损，积累了数万年的人类文化和精神世界将受到威胁。在全球化大潮中，反传统文化的所谓"全球文化一体化"趋向十分流行。怎样保护并发展本民族文化，对于不得不接受全球化的许多民族来说，是一个两难的尖锐问题。目前，维护文化多样性的有识之士，因为担心发生全球性的"文化危机"，纷纷表示强烈反对文化领域的全球一体化。文化多样性需要各民族全力维护，但是如何保护文化的多样性，如何保护一部分日益"边缘化"的民族语言、文化和艺术，目前还没有切实可行的方案。

2. 我国非物质文化遗产大量消失

随着文化生态剧烈变化，有些非遗正在消亡。非遗被称为"活态文化"，它是依附在人身上的文化形式——人在则在，人亡则亡。培养好传承人，防止"死一个人，亡一门艺"，是非遗保护的当务之急！与有形的物质文化遗产不同，绝大多数非遗都是靠口传心授的方式代代相传。掌握着传统技艺的传承人是非遗延绵不绝的核心与纽带。因此包括我国在内的世界各国在保护非遗时都高度重视对传承人的认定和保护。但是目前情况并不乐观。随着我国进入老龄化社会，非遗也进入了衰亡的高峰期。不少民间文学杰出传承人，如今都已年逾古稀，有的甚至成了故人。虽然老故事家的作品有些记录下来了，但还有很大一部分随着他们的逝世而消失了。有关专家指出，由于学艺时间长、要求高、收入低，现在许多年轻人不愿"入行"。

除了自然消亡之外，目前房地产和旅游开发也是造成非遗被破坏的重要原因。辽宁大学教授、国家非遗保护工作专家委员会副主任乌丙安说，一些地区的领导打着"人民有权享受现代化"的旗号来搞大拆大建，许多具有深厚历史积淀和文化价值的古民居在推土机的轰鸣声中消失了，随之消亡的还有传统民俗与生活方式等非物质文化。由于对地名文化的重要性缺乏普遍认知，对地名文化遗产的保护意识淡薄，特别是在城市建设改造中，很多反映古城历史文化风貌的老地名受到冲击，致使许多文化内涵丰富的老地名或变更、或消失，造成对历史文化资源的破坏，导致老地名保护工作出现了地名流失严重、文化内涵挖掘不够及社会保护意识不强等问题。根据南京市地名办的统计，南京市玄武区、白下区、秦淮区、鼓楼区、下关区、雨花台区六城区已经消失了1 900个老地名，特别是近15年来，南京已有180多条有历史含义的路、街、巷名从地图上消失。在文化实践中，少数民族的传统艺术门类往往难以得到有力的扶植,有的甚至濒临失传的绝境。分布在我国偏远地区的少数民族集居地,几乎都是世界生物多样性和民族文化多样性集中蕴藏的地区,目前当地环境与贫困地区的民族文化艺术十分脆弱;当地政府在经济建设、社会发展及扶贫等项目中,还没有充分考虑文化多样性保护的国际准则,还没有建立起完善的对于重大保护项目、政策实施环境及对文化影响评估与监测的制度;没有设立培训与教育的合作机构,没有专门培养跨学科的文化多样性保护人才;没能编制、颁布比较完善的有关民族文化资源与文化艺术遗产保护名录;关于文化多样性保护的宣传与公众意识建设缺乏力度,让全社会认识文化多样性与生物多样性的密切关系及其重要性,尊重各民族不同文化存在价值的呼声十分微弱;关于文化多样性保护的经济决策与法律研究还有待加强。

3. 非物质文化遗产正在遭遇抢注

非物质文化遗产是我国历史的见证和中华文化的重要载体,蕴含着中华民族特有的精神价值、思维方式、想象力和文化意识,体现着中华民族生命力和创造力,是一个国家软实力的重要体现。

伴随着我国经济的迅速成长,我国需要在软实力上进一步增强,以在国际竞争中有更大的话语权。正是由于非遗所蕴含的巨大文化价值和潜在的商业价值,遭遇抢注的事情时有发生。距今有500年历史的著名商业闹市区北京宣武区大栅栏、闻名中外的京城文化街琉璃厂和有着鲜明伊斯兰风格的牛街等属于宣武辖区内的众多著名老街区的地理标志已被他人抢注。据统计,宣武区地理商标遭抢注的有50余件。目前,共计有12件"大栅栏"商标已由海淀区北京华秋科技发展有限公司申请注册;"琉璃厂"商标共有4件在等待审查;在申请过程中的"牛街"商标共有9件,分8个类别,其中第38类信息传输设备出租、电子邮件类被江苏省南京市赵某申请注册;"天桥"和"厂甸"两个名称共有6件申请注册。目前,互联网已成为传统文化走进人们现代生活的良好形态,新兴的网络传播也将成为"活态"保护非遗的最佳途径。由于中文.CN域名具有民族化、本地化特性及巨大的发展潜力,对于保护和宣传中华文化品牌具有明显优势。中文已成为互联网上的第二大语言，全球已经有超过1.3亿的网民使用中文上网，中文域名的使用人数和影响力都在日益扩大，中文.CN作为新一代互联网地址，具有独特性和不可再生性。这一特点注定了中文.CN是一种稀缺的资源。然而，在我国第一批国家级非遗名录中，有近八成未注册中文.CN域名，其中不仅包括广为人知的京西太平鼓、武当武术、泥塑、中医诊法、梨园戏等文化瑰宝，而且也涵括了傣族泼水节、蒙古族搏克、维吾尔族达瓦孜等少数民族文化遗产。这就意味着，我国大部分非遗保护在中文域名注册上存在很大漏洞，他们都可能遇到"端午节"曾经遭遇的危机。其实，维护一个域名每年的费用也不过280元，这个数字相比于域名的作用和赎回的价格来说，实在是微乎其微。网络专家表示，如果这八成的非遗域名被抢注，那么带来的经济损失将无法估算。因为每一个域名再想赎买回来都可能是天价，那这400多个域名的"炒价"将是一个天文数字。而且，缺失中文.CN带来的不仅是经济上的损失，还有文化上的遗憾。因为对非遗保护来说，缺少了中文.CN域名，等于失掉了网络品牌保护的最佳载体。一位互联网域名投资者曾以3万美元的价格将端午节网站的中文主域名"端午节.CN"从韩国人手中买回，并无偿送给了屈原故里湖北省秭归市。该投资者的爱国行为令人起敬，但之前的端午节中文域名被抢注也给我们留下了难言的伤痛。

（二）非物质文化遗产保护存在诸多问题

1. 重有形，轻无形，捡了芝麻，丢了西瓜

近些年来，对于古镇文化遗产保护，一些人认为，只有建筑、街道等"实"的东西才最重要，而技艺、生活方式等"虚"的东西可有可无。对于古镇有形物质遗产的保护在很多地方已深入人心，但对古镇居民的传统习俗、生活形态等非物质遗产的保护，目前在相当多地方还没有引起足够的重视。对于一幢古宅的拆除，很多人会痛心疾首，向政府和社会各界呼吁加强保护，避免其遭遇被毁灭的噩运。但对于一种风俗的消亡、一种手艺的失传、一种方言的消

失,很多人却觉得这压根儿不算什么,有人甚至还把这看成是顺应时代进步的趋势。

2. 喜新厌旧,自毁非遗长城

在非遗的保护和发展中,有人秉承不破不立的理念。他们以为,一切遗留的都是落后的,一切新建的都是进步的,恨不得把一切都翻新重建一遍,以此证明自己的发展意识。在一些地方政府官员的脑海中,"发展"是最重要的词汇,"变化"是最好的发展证明。他们在向人介绍工作时常常充满自豪地说,这是新的,那是新的,我们的城市日新月异。这些地方官员本应是我国非遗最有力的保护和发展者,但他们错误的观念和认识恰恰是非遗保护的"大敌"。这种强烈的"暴发户"心态,正在一步步地自我毁灭传承几千年的文化长城和精神家园。虽然一部分非遗已被幸运地重视和保护起来,但更多浩如烟海的中华传统文化却面临着被历史尘封、淘汰的命运,最后一点星火也逐渐湮没在人们的忽视之下。

3. 过度商业运作,自掘非遗坟墓

近年来,许多原藏于深山、雅室中的原生态歌舞、音乐,逐渐撩开神秘面纱走近大众。然而,在赢得越来越多人认知和支持的同时,这些传统文化遗产却在过度的商业包装中逐渐扭曲、变形。一些人在进行原生态歌舞表演时,常常会以服饰太土、审美效果不好、音乐节奏太慢等理由,擅自想象、改编这些原生态的东西,搞得不伦不类,失掉了原汁原味。更严重的是一些旅游表演,为了热闹,迎合游客口味,把原生态歌舞的表演方式和内容全变了。有的为了牟利,还加入了许多不健康的节目,损害了优秀、纯洁的民间传统文化歌舞的形象和性质。

4. 申遗"扎堆",内斗成风

近些年国家对非遗的日趋重视也引发了各地区积极申请非遗的热浪。部分地区之间因为申请的非遗内容重叠,出现申遗"扎堆"问题。为了本地区申请成功而明争暗斗,大打"口水战",某些地区之间甚至抢注非遗。

5. 资金使用不当,不利非遗保护

非遗的保护需要资金的支持,但资金不是万能的,不能解决非遗保护中的一切问题。为加强对非遗的保护,部分省政府采取了发放补助金的形式保护传承人的做法。其实,发钱保护不一定是好的办法。受经济利益驱使,有的人也许会弄虚作假。一旦出现这样的例子,影响就十分恶劣。

6. 缺乏统一的评选标准

由于非遗保护工作未能纳入国民经济和社会发展整体规划,与保护相关的一系列问题不能得到系统性解决,保护标准和目标管理以及收集、整理、调查、记录、建档、展示、利用、人员培训等工作相对薄弱,保护、管理资金和人员不足的困难普遍存在。目前,如何认定传承人,全国尚无一个统一的标准和细致严格的程序。现在各省都是按照自己的标准在操作,有的省把国家级工艺大师评为传承人,有的省则把省级工艺大师评为传承人,因此在省际之间出现了矛盾。不是工艺大师就一定是传承人,传承人和继承人不一样,和学术带头人不一样,不分青红皂白把这些人都评成传承人怎么行? 在没有统一标准的情况下评选传承人,只能令许多地方产生"究竟谁是传承人"的疑惑。同时,适合我国实际保护工作的整体性、有效性的工作机制尚未建立,尤其是政府主导的有效性亟待发挥。文化遗产对象所属权分割,由政府不同部门分别实施管理,与实际的保护工作不相适应。非遗保护中出现的上述种种挑战与问题,亟待上上下下高度重视,并尽快解决。

三、非遗利用发展系统的未来方向、定位和愿景

"对于非遗文化,用是最好的传承,用是最大的发展。"这是弘扬非遗文化的真谛,我们应该在"用"上想办法,下功夫。非遗文化,只有在"用"中才能产生综合效益,才能行稳致远。

如何"用"呢? 要从三个方面开发。首先,是非遗文化的文化之用,就是挖掘非遗文化的文化价值,在学校、在艺术、在文明建设中去应用,让"非遗文

化"的思想美、文化美、艺术美、道德美得到传扬,发挥它在育人、陶冶情操、升华思想方面的作用;其次,是非遗文化的市场之用,就是要打造非遗文化系列产品,可以学习故宫文创思维,让非遗文化与市场接轨,开发创新产品,让市场火起来,让非遗文化产品丰富人们的生活,满足人们的幸福需求。第三,是非遗文化的网络之用,就是把非遗文化打造成网络产品,充实网络文化,为网络弘扬优秀文化传统提供资源,输入能量,助力我国网络文化更中国、更个性、更精彩。

非遗文化只有在"用"中才能"活化"起来。任何一种文化现象,唯有不断地在"用"中,才能生机勃勃,蓬勃发展。如果闭门造车、孤芳自赏,早晚会被历史淘汰。其实,也只有在"用"中,非遗文化才能汲取现代滋养,不断茁壮成长,长得更高,走得更远,活得更漂亮。

如何在非遗保护和传承方面融入更多的现代元素,实现非遗文化品牌的开发和持续发展,进而释放非遗保护产业的巨大文化和商业价值?上海世界非遗文化城暨上海非遗文化小镇自筹建和开园而来所实践的"非遗+"模式,便是促进非遗文化产业升级发展的有效途径。

"非遗+",即非遗+文旅、非遗+会展、非遗+教育、非遗+文创、非遗+互联网(电商)、非遗+峰会、非遗+金融等模式,通过创新和不断探索非遗文化融入现代生活的新途径,从而促进非遗文化产业升级发展。

其中非遗+文旅,就是搭建线下展示和体验非遗文化平台,如中国民间皮影艺术馆、中国剪纸博物馆、中国钧瓷博物馆、中国古建博物馆、国际根雕奇石艺术馆、古代石雕博物馆、国粹馆、非遗文化主街等大型非遗文化场馆(街),让游客身临悠久的非遗文化之境,在参观中开阔视野,熏陶情操。同时结合枫泾古镇当地特色和地域优势,对接旅游服务和餐饮服务,让游客能够长久、舒适地驻留。通过"非遗+旅游",上海世界非遗文化城在提升非遗市场价值的同时,使非遗在保护创新中与旅游市场有机结合,受到越来越多游客的青睐。

非遗+教育,作为全国非遗文化产业示范基地、青少年爱国主义教育基地和中小学生研学旅游教育基地，上海世界非遗文化城暨上海非遗文化小镇是体验中华文明，学习和传承大国工匠精神的首选之地。在这里，有剪纸、皮影戏、制陶、古建筑、根雕、内画、书法、锯琴等非遗文化体验、培训、参与、互动、拓展训练等"研学旅行"活动，可以零距离感受中国传统文化的魅力，传承和弘扬中华传统文化及爱国主义。

非遗+金融，顺应了国家提倡的"文化+互联网+金融"的发展潮流，拓展了非遗产业化的新渠道，将为非遗产业化发展注入新的活力。上海世界非遗文化城将成立非遗产业投资基金，用资本的力量促进非遗的传承，把资金配置到与非遗相关的教育、科研领域，促进非遗产业链的形成和完善，最终实现多行业共存式融合繁荣，促进非遗产业化发展。

四、非遗利用发展的基础原则

第一，非遗的真实性不能被破坏。非遗是世代传承的结果，有其发展演变的历史性过程和历史性内容。我们可以尝试对其进行当代的融合性发展，但一定要以尊重其历史性存在为前提。无论非遗是主动吸收还是被动输出式的融合，都要立足于其真实性，谨戒以假乱真，更不能以假为真。真实性是非遗的生命，同样也应该是"非遗+"的一个准则。我们认可非遗有流变性，不同时代对其有不同的创新和发展。但如果当代人将自己的创造冠之以前人所为，视之为历史存在，则无疑与文物赝品一般无二了。

第二，非遗的主要特色和核心技艺不能丢失。主要特色和核心技艺堪称非遗的精髓，是其根本价值所在。如一些地方戏新编剧目，在伴奏上追求中西混合，所谓的"新唱腔"离传统唱腔越来越远。这种戏剧和西洋音乐的结合并非强强联合，而恰是以丧失自身的民族文化特色和剧种个性为代价的。再以剪纸技艺为例，作为一种镂空艺术，它的核心技艺是雕、镂、剔、刻、剪等技法；作为一种民间艺术，不同地域的剪纸有着各自鲜明的地域特色与地域文化内涵。这些都是剪纸技艺作为一种非遗的根本价值所在。剪纸艺人可以从影视、文学、新闻中广泛取材，可以多方面吸收绘画、雕刻等艺术技法，以丰富提升自身的艺术表现力；可以由单纯用纸丰富转为用金银箔、树皮、树叶、布帛、皮革来剪刻，灵活运用挂历、明信片、画册、卷轴、相框等来丰富表现载体；还可以进入旅游景区、各种展会、电商网络平台等来拓宽展示与销售渠道。但如果不顾及、不尊重剪纸的核心技艺和主要特色，而是一味盲目模仿和借鉴，便丢掉了剪纸技艺自身的传统技艺和地域特色。当所有剪纸都千篇一律、似曾相识，虽整齐却丢掉了灵动与特色，不啻为一种文化灾难。

第二节 "后申遗时期"松江非遗的
保护利用策略报告

一、"后申遗时期"的定义和分析

(一)"后申遗时期"的定义

随着我国社会经济文化的发展,对非遗保护日益重视。在我国非遗保护中,"后申遗时期"是其中的一个阶段性结果。在非遗保护的前期,主要是以"申遗"作为工作的重点。通过申遗,能够提升非遗保护的影响力,促使政府及社会更加重视非遗工作,让其认识到传承和保护非遗的重要性和必要性。进入"后申遗时期",则需要将工作重点进行调整,从原来以申遗为重点转为以保护为重心,这就需要正确认识保护、传承与发展的关系,应该对生产性保护、文化生态保护进行重新认识。为了更好地促进传统文化的可持续发展,可以从文化生态视角,对其中的权益、非遗衍生品及相关文创产品,进行重新审视和全面把握。因此,从这个层面上分析,"后申遗时期"不仅仅是简单理解为申遗以后的阶段性工作,而应该对之前的申遗工作进行重新审视与全面深刻地反思。在前期的申遗工作中,通过不懈努力非遗保护重新进入了人们的视野,并逐渐成为高度关注的热门话题,掀起了"非遗热",人们将更多的关注聚焦到申报名录及相关资源等方面。一方面,人们借助大量的代表性目录,逐渐认识了"非遗"这一概念;另一方面,非遗名录带来了政绩效益、社会效益和经济效益,引发了社会各阶层的关注。可见,申遗是非遗保护的起始、启蒙和推广时期。

"后申遗时期"还需要开展大量的申报工作。但因有了申遗前期工作的铺垫,"后申遗时期"的相关工作可以借助之前的相关经验,进行查漏补缺、扬长避短,从而确保工作更加顺利高效地推进。申遗成功后会产生很大的社会宣传效应,一些非遗项目的保护性利用尚未完全实施到位就出现了哄抢式开发,这可能让文化权益遭受侵夺。

（二）分析

非遗保护工作是一项专业性、复杂性和系统性工程。在前期的调查、申报、评审、认定等工作方面,都制定了一系列严格的程序,操作起来有章可循。根据不同的项目类型,明确了保护规划、基本路线等模式,可以说是具有较强的规范性和可控性。但是,从保护规划的具体实施情况来看,可谓八仙过海各显神通,其结果也就很不平衡,有的甚至是千差万别。比如以苏绣和顾绣来看,苏绣得到了很好的传承,且呈现出蓬勃发展之势,而同样是国家非遗名录的顾绣,目前虽然列入了松江区国家级非遗名录,但从业者稀少,全上海顾绣绣娘不到20人,很多传承人是"70后""80后",亟需解决后续传承的问题。又如,有的地方借助"生产性保护"之名发展民俗旅游,也出现了不同的结果。对这样的申遗保护,也就难以客观、准确地判定是否成功。由此可见,申遗保护具有很大的复杂性,在具体事例中,需要具体对待,这样才能找到解决问题的对策。如果借助一般性的保护性措施,则很难取得实实在在的效果。

"后申遗时期"要由前阶段以"申报"为重心,向"保护"为重心转变。在申遗之后,究竟如何保护,需要考虑到方方面面的问题。这就要切实做好"生产性保护"。从广义角度看,由马克思主义观点可以知道,一切人类的物质及精神生产,及人的再生产,都可以称之为"生产"。从这个层面看,一切文化活动都是"生产",任何保护活动都可以理解为"生产性保护"。但是,实际上这里的"生产性"是指有营利性质的商业性生产活动。所以,这里的"生产性保护"是指通过商业活动让传统文化艺术得到获得传承发展的活动。为了进行生产性保护,需要从市场角度去定位、思考和经营,从而推动非遗传统文化市场发展。对这种生产性保护的方式，也就成为申遗后争议的热门话题。其争议的焦点在于，这种究竟是生产性保护还是产业化开发？从实际操作来看，传统文化很容易在商品化中被抽离、分解，在实现商业效益的同时，也就失去了文化价值，让保护成了破坏。从我国一些地方来看，在文化建设、遗产保护中，都出现了将文化产品作为商品进行打造的做法，被称为"文化搭台、经济唱戏"，成为一些地方的先进经验。从这样的文化建设来看，已经变成了商业活动。不少地方在非遗名录申报之时，就让当地政府和商业人士嗅到了商机，掀起了非遗开发的热潮。当然，在利益驱使下，大多地方走的还是这条老路，因此带来了不少破坏非遗保护的现象。正因为如此，当今社会不少人对非遗保护"开发"争论不断。所以，进行生产性保护必须与过度商业化区分开来，避免因过度商业化而走破坏性开发的老路子，要真正让非遗保护得到传承和弘扬，需要从顶层设计、政府主导、社会参与、高校推动等方面着力。从松江来看，非遗传承可谓是机遇与挑战并存，非遗保护任重而道远。

二、非遗保护的发现策略分析及改进建议

非遗保护和利用是传承和弘扬我国传统文化的重要工程，是增强文化自信和推动传统文化发展的重要举措。在"后申遗时期"，与之前的申遗的侧重点发生了重大转折。从"后申遗时期"来看，要对非遗文化的传承、教育、传播等进行重新审视，认真剖析非遗保护中存在的问题，查找其中的原因，准确把握"后申遗时期"非遗保护的发展趋势，从而实现传统文化的传承与发展。

（一）地方政府做好顶层设计，发挥组织服务职能

一是科学定位，厘清责任。地方政府应该对基层文化部门的职能职责进行准确定位与把握，对非遗机构的管理职责进行精准定位和细化分解，切实明确好非遗研究工作职责、传承人培养职责、非遗项目传承职责等，不能让基层文化部门直接招商引资。

二是健全地方法律法规。根据新的《立法法》，作为拥有立法权的地方政

府,应该就如何贯彻落实国家、省、市级的非遗保护法律法规的规定,结合地方实际情况,制定非遗保护的地方保护性制度。要解决好谁来监督、监督谁、监督方式方法和监督结果的运用等系列问题,对于破坏非遗的违法行为,要抓早抓小,早发现、早制止、早处置,做到发现一起、查处一起,露头就打、绝不姑息。要出台相关政策,对如何进行非遗的生产性保护开发,从制度层面进行规范、引导、支持和管控,避免出现过度商业化行为。针对其中传承人培养的问题,要充分认识到这是一项周期较长、见效较慢的过程,如果仅仅依靠经济鼓励,难以达到立竿见影或是长久坚持的效果。因此,地方政府应该发挥牵头抓总作用,由文化、财政、教育等相关职能部门联合,通过法律法规、行政管理和财政调控等方式,对传承人的培养进行全面统筹安排。要切实保障传承人的社会地位、合法利益和社会荣誉,加强对传承人的学习培训,多提供外出交流展示的机会,鼓励传承人勤于学习,通过理论学习、集中培训、实践锻炼、展演交流等方式,不断提升自身的思想、文化、业务素质,以适应新时代非遗保护和传承的需要。

三是鼓励传承人的扶持发展。地方政府应该出台相关政策,鼓励传承人积极进行新的传承人的培养、扶持和发展,不断增加新鲜血液,不断壮大非遗传承队伍的力量。同时,要对新闻媒体、学术研究、地方高校、行政企事业单位、社会团体的资源进行全面统筹整合,发挥出各自的宣传优势、研究优势、人才培养优势、资金优势、综合优势,等等,为非遗保护传承提供优良的环境和强大的资源支持。

(二)基层群众积极参与松江非遗的创新和传承

一方面,全面摸清底子,充分发动群众。非遗源于民间,本来就有着十分广泛的群众基础。通过代际间传承而得以繁衍发展。在松江区,要看到我们在非遗方面有着十分悠久的历史和丰富的资源。松江是一座历史悠久的文化名城,千百年的文化积淀,孕育了大量的、多姿多彩的、别具松江地域特色的民间艺术。2005年8月以来,按照文化部和市文广局有关要求,成立了松江区非物质文化遗产保护分中心,开始启动松江区非遗普查保护工作。根据近年来普查情况,散落在松江区的非遗资源分为:民间文学、民间美术、民间音乐、民间舞蹈、戏曲、曲艺、民间杂技、民间手工技艺、消费习俗、民间知识等。松江区非遗资源非常丰富,其中,国家级非遗名录3项:顾绣、龙舞(舞草龙)、锣鼓艺术(泗泾十锦细锣鼓)。市级非遗名录9项(含国家级):皮影戏、花篮马灯舞、余天成堂传统中药文化、上海米糕制作技艺、新浜山歌、海派剪纸艺术。区级非遗名录24项(含国家级、市级):松江民间舞蹈(滚灯、水族舞)、松江民间山歌、江南丝竹、根雕工艺等。在"后申遗时期",只有让群众充分认识到我们所具备的非遗资源优势和发展前景,增强其文化自信,才能让更多的人关注、了解、理解、支持和参与到非遗的传承保护中来。

另一方面,积极传承保护,不断创新发展。传承并不是一成不变的照搬照抄,传承就意味着创新与发展。要针对非遗项目与现代人们日常文化生活的对接,坚持与时俱进,在传承中保护,在传承中创新,在传承中发展,让非遗在新时代焕发出新的光彩。在不破坏非遗的核心价值及技艺的前提下,可以将其引入到非常广阔的日常生产、生活、学习、休闲、旅游等多个领域和行业中去,让更多的非遗飞入寻常百姓家,让人人成为非遗的支持者、影响者、传播者。

(三)地方高校推动松江非遗保护

一是为申遗提供教育支持。从申遗到"后申遗时期",都离不开地方高校的大力支持。在松江地区,地方高校在非遗教育方面有着自身独特的优势。地方高校的本地化生源,通过开展非遗教育,能够增强学生地方文化自豪感,从而激发他们传承松江非遗的兴趣,增强其保护非遗的责任感、使命感。二是提供扎实的理论基础。地方高校聚集了不少潜心于松江非遗的教师,他们具有深厚的理论修养,又有着全面深刻的体验,在松江地方风俗文化的长期潜移默化下,对松江非遗的核心要义、内在灵魂能够更加精准地把握。三是具有人才培养优势。地方高校中有不少学生是本地的,长期生于斯长于斯,长期受到非遗的耳闻目染，有着深厚的感情。可以借助大学生人才聚集的资源优势，让松江非遗得到更好的传承，走向更加广阔的天地。可以采取现代学徒制模式，邀请松江非遗传承人对大学生进行专业性培养，实现非遗的"活态"传承。

三、非遗保护中文化核心的增强系统建设

近年来，我国的非遗保护工作开始在全社会引起了广泛的关注，并逐渐上升为国家文化发展战略。此项战略是一项复杂而庞大的系统工程，需要社会各界加强重视、齐心协力来共同完成。在实施过程中，社会各界都应切实承担起属于自己的责任和义务，为了共同的目标而奋斗，必须统筹规划，建立良性循环的发展机制，使我国非遗保护工作走上健康、科学、持续、有效的发展道路。

第三节　松江非遗产业和市场前景的分析报告

松江非遗作为松江人民长期积累、沉淀的非物质文化生活的智慧结晶体，更是广大松江人民的宝贵财富。但是随着非遗被冲击的力度加大，尤其是很多非遗正逐渐消失，加强非遗保护和传承的呼声日益高涨。因此，为促进松江非遗的传承和发展，需要我们切实走产业化、市场化的发展道路，并结合松江非遗保护与传承的现状展开分析，在彰显地域文化特征的视角下，推动松江非遗产业化、市场化的发展。

一、非遗产业化、市场化的现状分析

保护和开发的工作正在不断发展，但是从当前的整体情况看，市场化发展还存在以下三个问题：资金匮乏、设备落后；缺乏创新；保护意识淡薄，假货泛滥。具体问题如下：

（一）理论研究与商业开发不匹配

目前，松江非遗产业化和市场化的发展较为粗放，在理论研究方面较为不足，使得理论研究和商业开发之间不匹配，进而导致理论与实践偏离，阻碍了产业化和市场化的发展。

（二）非遗保护与开发的关系失衡

在非遗开发过程中，为了利益而导致过度开发的问题在松江非遗产业化、市场化的发展中情况较为突出。非遗保护方面，由于保护力度和保护能力有限，加上民众的保护意识不强，政府对市场干预的行为不当等，使得二者之间的关系失衡。

（三）缺乏完善的管理机制与体系

当前，由于松江非遗的产业发展较为混乱，针对产业化和市场化发展所需的市场管理机制与体系尚不完善，尤其是多头管理使得管理质量不高，非遗挖掘与保护工作的效果有待提升，现有的管理机制与体系难以满足快速的产业化与市场化发展的需要。

（四）松江非遗产业规模亟待壮大

当前，因为松江非遗产业的基础较为薄弱，大多是作坊式的发展，所以尚未形成产业规模，且在产业发展中较为混乱，恶性竞争的情况较为突出。比如叶榭软糕，目前有多家商铺都自称是正宗嫡传的，实际只有一位嫡传人。商家为了自己的利益，借助叶榭软糕的口碑和品牌效应来相互诋毁并恶性竞争。

（五）宣传推广方式有待创新完善

目前，松江非遗在产品宣传推广方式上还较为落后，大多采取传统的方式来推广。虽然也在一定程度上采用了新媒体来推广，但是推广的效果不佳，主要是缺乏整合效应和品牌优势，在推广影响力上还有待提升。

二、非遗产业化、市场化的理论依据和实践依据

非遗保护目的的关键就是"不断使这种代代相传的非遗得到创新，同时使他们自己具有一种认同感和历史感，从而促进了文化多样性和人类的创造力"。非遗归根结底属于文化范畴，创新是保护的重要手段和发展方向，趋同于"文化产业化"发展历程。非遗是否能够以产业化方式生产和发展，是文化产业发展初期面对的困惑问题。20世纪中叶，当法兰克福学派首先提出"文化产业"概念的时候，赋予了这个词强烈的批判色彩。他们认为，文化产业化导致的批量化、大众化、商业化生产和传播，褪掉了艺术品的神圣光环。然而，以美国、英国、法国为代表的西方发达国家，以文化产业的形式大量输出本土文化产品，不仅获得了丰厚的经济利润，而且引发了全世界寻求经济发展和文

化突围的国家的关注。日本、韩国有效地学习了西方先进的文化产业模式，不仅带动了民族经济的发展，又扩大了民族文化的影响。如今，作为目前世界上第一文化产业强国，美国的文化产业在其国内产业结构中仅次于军事工业位居第二。其文化产业经营总额近几年高达数千亿美元，每年为美国提供1 700多万个就业岗位。最初的批判理论与当前的文化产业发展现状严重不符，导致法兰克福这个理论派别另一著名代表人物本雅明及其文化产业理论的诞生，并深刻影响了美国文化产业理论的发展。他认为，文化产业的兴起是艺术史上的一次革命，现代科技的发展推动了文化艺术载体传播手段的进步。他对文化产业兴起所导致的传统经典文化向大众文化的转变，在文化理论上给予了积极的认同。现在，作为全球最活跃的产业门类，文化产业在人们的怀疑眼光中已经慢慢成长并进入快速增长期，一跃成为许多发达国家的支柱产业。中国的文化产业虽起步较晚，但却以惊人的速度蓬勃发展，这不仅基于中华文化的博大精深，也依赖于政策的支持、制度的维护和社会各层面的大力投入与合作。2009年，国务院颁布的《文化产业振兴规划》，更标志着文化产业大发展的春天业已到来。文化产业的发展历程证实了文化产业化是其发展的重要模式，非遗作为濒危文化，无法拒绝产业化发展这条可持续发展的道路，走向大众化、规模化，才能使其在众多异文化的冲突中保有一席之地。而且，人们的喜闻乐见是文化产品的首要要求和价值判断的主要标准，非遗具有较强的群众基础，是最适合市场化的精神产品。文化发展的极不平衡性是非遗迅速消亡的根本原因，仅依靠静态保护并不适用所有的非遗项目，对其文化资源进行合理配置和积累，进而达到规模化、市场化经营是非遗保护措施中具有理论和实践基础的重要而有效的途径。我国非遗保护中心副主任郑长铃认为，应该通过生产销售等方式，将非遗转化为生产力和产品，使其在生产实践中得到保护，实现与经济社会的良性互动。可见，产业化是使非遗走出生存困境，焕发新的生机与活力的重要手段。近年来，随着世界性非遗普查的陆续深入和全面开展，许多亟须保护的、珍贵的非遗逐渐被列入国家级或世界级非遗保护名录,但其消亡速度也逐年递增,国内外的学者们已对非遗保护项目的个体应用性研究有所倾斜。目前,我国更是以29项成为世界上入选联合国教科文组织非遗名录项目最多的国家,我国的学者们可谓任重而道远。

三、产业化的基本原则和主要路径

(一)原则

1. 遵循规律,目标明确

对待非遗项目,我们不能也无法切断其适应时代的内在渴望与需求,应该尊重事物自身的发展规律。非遗产业化更应遵循项目自身特点和发展规律,不能盲目强制其产业化或禁化,应根据其市场潜力和需求完善产业化的路径与形式。不应以经济利益为终极目标,而应该主要追求有利于文化资源合理配置、有效传承和文化资本不断积累的社会利益,形成经营性和公益性两种文化产业。

2. 整体规划,分类对待

(1)根据项目类别进行整体规划,定格定位,分期分批分区域发展,保证非遗资源的可持续性,有步骤地推进产业化进程。根据国家、省、市、县四级非遗名录,确定不同的发展目标。(2)对于远离现代生活、无市场生存能力的项目,如语言类、人生礼俗类、民间信仰类等,则主要由国家政府、社会、公民共同承担,包括政府供给、社会捐赠及保护所需的人力、物力等,由博物馆或专题展馆收藏展览。对于仍有市场需求或历史上已与市场互相依赖的项目,如昆曲、木卡姆、剪纸、雕塑等,应尽快实施生产式保护,提倡创新,生产特色文化产品进入市场,实施全部或部分产业化运作模式进行保护,推进和实现非遗面向社会化、保护主体多元化,实现非遗保护的投入产出效益化。

3. 产业联动,配套发展

非遗是一个需要在特定文化空间生存的,具有地域性、特殊性、濒危性的活态文化因子,合理、规模化的保护开发必须经历市场化,需要政府、传承人、企事业单位等社会各个层面的协调配合,更可能需要三大产业的共同协作。

相关产业资源的配套发展,包括公共服务体系(平面、电视、网络媒体、普及基础教育、国际交流、产品评审咨询、项目研究基地和培训基地)、技术介入(提炼、制造核心文化符号的不同形态、营销经营)、实体产品(旅游景区、影视和演艺作品、博物馆或文化馆、纪念品、主题文化活动)等层面。每个层面的不同点都可以根据具体非遗项目的特点对接实现规模化、标准化、专业化和持续化进程。

4. 法律保障,避免流失

通过国家和地方的法律保障,避免非遗资源萎缩和大量流失。我国一直在加快《非物质文化遗产保护法》的立法进程,云南、贵州、广西、上海、江苏、福建等省已颁布保护非遗的相关法规。文化具有地域性,非遗亦然。制定加强涵盖知识产权、流通管理、使用权限等在内的政策措施,可避免文化遗产的流失甚至走私,也能防止片面追求经济利益而导致过度开发利用,从而使原生态的非遗资源变异和萎缩。

5. 坚持创新,科学发展

以良好的文化资源为前提,以创新为关键,通过规范科学的营利模式,做长产业链,通过强有力的经营团队,做大产业集团。非遗是我国传统文化的精华和缩影,是具有强烈地域性、民族性、差异性的文化品牌,其历史文化价值、社会价值不容忽视,在逐渐从追求物质消费到崇尚精神消费的当下,文化价值与经济价值密不可分,甚至可以说,文化价值越大,其经济价值越高。传统文化与市场对接,必须依靠质量、形式、运营模式等方面的创新。非遗项目的文化根本价值在于工艺和文化精神,不适应时代发展的传统外衣终究避免不了变革的命运。对非遗根本文化价值的保护要避免流俗与盲目。因此,有质有量的经营团队和营利模式必不可少。这样,产业化进程才会顺利而不偏离传统文化的发展方向。

（二）产业化路径分析

1. "企业化"的产业化发展路径

这一发展路径是在盈利的导向下,把企业内部分成多个中心,既有成本中心,又有利润中心,能有效地预算和考核可控费用。非遗的企业化,是基于市场经济的条件,在经济手段这一杠杆下,将非遗物质载体转换成适应市场化和规模化且逐渐深度化渐次高度化的过程。在非遗企业中,将非遗作为特有的文化产品,并建立非遗加工车间,促进非遗产业增值和规模化的发展,从而更好地满足在市场文化方面的需求,进而在市场需求的动力下促进非遗保护目标的实现。就松江非遗而言,需要选择适合进行产品化的非遗,注重松江特色的凸显,才能更好地强化松江非遗的差异化竞争力。比如松江顾绣,可以将其发展为企业化的顾绣生产基地,并扩大其宣传力,强化企业的市场引导,能有效地实现可持续发展。

2. "标准化"的产业化发展路径

标准化,就是要在松江非遗产业化发展中制定相应的标准,尤其是要制定标准化,明确企业生产经营的活动和范围,并且与国家有关标准和行业标准相符。具体而言,就需要在注重松江地域文化特征彰显的同时,严格按照相关标准来生产,且非遗产品的规格和质量都要统一,并切实强化质量控制,才能更好地满足消费者对非遗产品的需求。

3. "品牌化"的产业化发展路径

品牌化就是给产品或者服务提供品牌才能具有的能力,注重自身非遗文化品牌的打造,企业可以对自身非遗文化产品的商业名称进行规定,并成立品牌识别点,以达到品牌化的过程,促进品牌效应的发挥。非遗品牌化主要是对非遗文化产品赋予相应的文化优势和松江地域特色,借助自身在文化特色方面的优势,将注册商标统一,促进松江非遗品牌营销工作的实施,达到松江非遗品牌化的目的。

4. "层次化"的产业化发展路径

非遗文化产品的层次化,主要是在产业化发展过程中,结合非遗产品生产的复杂性和简单性,将其分成多个不同等级的层次,并把文化产品按照其制作工艺的难易程度和制作成本等进行分级生产、分级包装、分级定价、分级销售,给消费者提供灵活多样的非遗文化产品。

5."科技化"的产业化发展路径

非遗文化产品科技化,同样需要注重松江地域文化特征的彰显,并将其与现代科技进行有机的结合,加强对新科技设备与技术的引进,注重生产技术水平的提升,强化创新思维,注重生产过程的科技含量,将非遗文化精髓的文化产品彰显出来,从而在满足消费者需求的同时,促进非遗的继承和发展。比如在顾绣上刺上顾绣的微信公众号二维码,消费者只要在扫码之后就能关注其公众号,从中详细了解顾绣的由来、生产过程、传承人等,瞬间提升非遗产品的科技含量。

四、产业化的评价指标和开发重点

（一）评价指标

评价指标详见下表。

基 本 项 目	细 化 项 目	评 价 指 标
产业能力	文化产业规模	文化产业总产值
		文化产品丰富度
		文化衍生产品数量
		文化产业从业人员规模
	文化产业结构现状	文化产业资本、技术与劳动力结构类型
		文化产业集中度
		文化新产品比例
	文化产业创新能力	文化品牌推广效果
		文化产品研发投入
		新技术应用
		现代管理制度建设

（续表）

基 本 项 目	细 化 项 目	评 价 指 标
产业效益	产业经济效益	全员劳动生产率
		文化产业利税总额
		相关行业带动性
		社区经济生活改善情况
	产业社会环境效益	社区居民文明素养
		社会和谐现状
		文化产业资源消耗现状
		文化产业环境污染程度
文化传承	文化真实性	历史信息真实性特点
		传统知识及技能含量
	文化整体性	文化空间完整性
		物质资源保留程度
		传统工艺流程信息的现状
		文献资料完备性
	文化延续性	文化传承人年龄结构优化现状
		文化及产品影响的空间范围
		有关文化在青少年中的普及程度
社区参与	社区参与意识	社区自身文化认同感
		社区对发展文化产业的态度
	社区参与能力	社区居民文化知识素养
		社区居民传统技能现状
		社区居民经营管理能力
		社区居民相关工作经验

(续表)

基 本 项 目	细 化 项 目	评 价 指 标
社区参与	社区参与效果	社区参与人口数量
		社区参与决策与管理
		社区家庭人均收益

(二) 开发重点

1. 创新松江非遗保护与开发结合机制,注重地域文化渗透

为了破解目前的发展困境,切实实现产业化和市场化的发展,首先需要将保护和开发结合起来,并建立相应的联合机制,且注重松江地域文化的渗透。所以既要注重对其的适度开发,又要发挥传承人的影响力,来强化松江地域文化的宣传,通过宣传松江地域文化,规范商业行为,共同参与到松江非遗产业保护的行列之中。

2. 创新松江非遗产业化、市场化理念,注重持续理念秉承

时代在快速地发展,社会在快速地进步,为了更好地破解困境,推动发展,就必须在产业化和市场化的发展中始终秉承可持续的发展理念,从传统的以经济效益为核心的理念中转移到可持续发展之中。要实现可持续发展,就需要做到存真去伪,切实加强对不良商业行为的引导,才能更好地引导整个产业可持续地发展。

3. 创新松江非遗传承与市场推广结合,注重海派文化彰显

在松江非遗传承和保护过程中,加强对其的市场化推广,需要注重海派文化的彰显。海派文化能有效地为松江文化的发展提供指导,也就是基于海派文化的宣传推广理念,切实强化对松江非遗产品的推广,且在推广的过程中要借助自身的优势,弥补自身的不足,借助不同的场合和平台进行针对性的推广,并加强现代信息技术的应用,打造网红松江和魅力松江,才能促进松江地域文化的传承和发展,推动松江非遗产品的发展和非遗的保护。

4. 创新松江非遗产业化市场化发展主体,注重发挥群众作用

松江非遗的产业化和市场化的发展主体较为复杂,目前更多的是以商业利益为核心的商圈参与到非遗产业的市场化发展之中。但是由于其唯利是图,忽视对非遗的保护和传承,所以需要重视发挥群众作用,加强对从事非遗产品的小微企业的帮扶,注重整个行业的良性引导,才能更好地对发展主体进行创新。

5. 创新松江非遗政策法规体系的建设,注重推广机制创新

非遗产品的产业化和市场化的发展,势必需要政策法规的大力支持,所以我们需要在这方面加强对其的推广和完善,并在政策上强化对其的推广。

6. 创新松江非遗产业开发发展模式,注重行业有机整合

目前的开发发展模式较为粗放,整个行业处于初级发展阶段,所以行业内的问题较多,这就需要我们加强与相关行业的对接,加强对其的有机整合,通过其他行业的优势来弥补这一行业的不足。

7. 创新非遗产业化开发人才的培养,注重市场化人才的引进

在做好上述工作的同时,为了促进非遗产业化的发展,还要在产业开发人才方面加大培养力度,既要注重现有传承人、带头人的培养,又要从高校中定点培养有关市场开发、市场销售等方面的人才,同时注重市场化人才的引进,才能更好地推动松江非遗产业朝着可持续的方向发展,并为之奠定坚实的人力资源基础。

第二章　分类报告

第一节　民间美术类：顾绣

"顾绣"是第一批国家级非遗名录，由松江区文广局主要落实保护工作。顾绣工作室设立于松江区文化馆内，有绣娘10名。另有岳阳街道顾绣研究所，绣娘7名。

区非遗保护分中心落实国家级名录的保护工作，继续开展顾绣的现状调查；历史材料挖掘；录音录像、实物作品等资料收集；数据库输入等非遗资料库的补充完善工作。

2010年根据市里要求，创作、出版了上海市国家级非遗名录项目丛书《顾绣》，拍摄了一部国家级非遗名录"顾绣"专题片，在上海电视台艺术人文频道、东方卫视等播放。

加强对顾绣传承人的保护工作，为顾绣工作室提供后勤保障。2007年起，与工作室绣娘签订工作合同，逐年提高福利待遇，完善管理制度。并购置空调、微波炉等家电，改善工作室条件。多次组织绣娘参观书法、美术等各类展览学习活动。还组织绣娘赴南通、扬州等地参观学习，使绣娘的艺术修养和审美鉴赏力得到提升。

为传承顾绣技艺，培养青年接班人，2009年3月开始至今，顾绣工作室与三新学校合办了顾绣兴趣班，有25名小学二、三年级学生参加培训。绣娘从顾绣基本知识、基础绣法开始教授，深得学生及家长的支持。通过传承活动，使小朋友从小了解中华民族的传统文化，树立民族自信心，激发他们热爱本土文化，增强保护非遗的意识。

为面向社会展现顾绣艺术,近年来积极组织顾绣参加各类展览活动。2008年应邀参加了上海民博会;2009年10月应邀参加第十届中国西部国际博览会;2010年6月和10月应邀参加了上海世博会公众参与馆"秀·空间"活动和宝钢大舞台传习区"上海活动周"活动,现场展示了顾绣作品及擘线、穿针、绣法等技艺,并对每种技艺进行了讲解;2011年4月参加了中国(浙江)非物质文化遗产博览会,5月参加第三届中国国际非物质文化遗产节"非物质文化遗产项目(特色商品)展销会",6月参加薪火相传——中国非物质文化遗产传承人师徒同台展演活动,7月参加首届上海民间艺术成果展等。在各种展示活动中,顾绣传承人近距离地向参观者展示作品绣制过程,通过聆听、观看、参与等方式,参观者身临其境地了解顾绣,感受顾绣,欣赏顾绣,对风格典雅、色泽古朴、亦画亦绣、气韵生动的这一优秀传统工艺表示惊叹。尤其是借助世博会的平台,顾绣向世界展示了这一古老的民间手工技艺的新面貌。

充分利用公共文化设施,在广大学生中组织开展非遗传承普及活动。2010年松江区非物质文化遗产保护分中心作为大学生实践活动基地,向大学生们展示顾绣保护情况,上海政法学院、同济大学等大学生用自己的镜头,拍摄了专题片,撰写了实践报告,记录了国家级保护项目顾绣的传承情况,加大了顾绣技艺在校园内的宣传作用。

通过媒体宣传,扩大顾绣的影响力。2010年中央电视台《文化访谈录》系列节目《我们的节日》采访了顾绣;区委宣传部大型纪实片《风情上海滩》拍摄了顾绣工作室;松江电视台主持人、记者亲自感受了顾绣的精湛技艺;2011年《创意设计源》《东方早报》《松江报》等媒体对顾绣多次进行了采访报道。

第二节　传统技艺类：上海米糕制作技艺

上海米糕即上海市松江区的特产叶榭软糕，始于明万历元年（1573），历经440余年，是江南稻作食文化的杰出代表之一，具有松、软、甜、香、肥五大特点。2011年，上海米糕制作技艺入选上海市非遗代表性名录。

叶榭软糕制作工艺独到，口感好，历代受人喜爱，成为招待来客及馈赠亲友的佳品，远近闻名。民间有顺口溜曰：浦南点心三件宝，亭林馒头张泽饺，叶榭软糕呱呱叫。

制作米糕的原料选用当地优质粳米、优质糯米，按比例配制而成。这两种米要在冷水中浸泡7天以上，每天换水，使米发酵成分全部挥发完。经晾透后用石臼舂粉细筛三次，再用筛子筛入蒸格，辅以精细绵白糖和各色馅心，荷叶衬垫，蒸煮而成，口感清香爽口。

近年来，叶榭镇党委、政府十分重视叶榭软糕的制作和传承，主要措施有：叶榭镇政府出资20余万元在马桥村建起了200多平方米的叶榭软糕制作工场；"农家乐"张泽羊肉庄老板出资10万元添置了制作软糕的设备；高薪聘请传承人进"农家乐"制作软糕；出资设计制作软糕礼品盒、包装盒等；传承人收徒授教，加大传承力度，开展各类传承活动。

软糕品种有夹心糕、素糕、猪油豆沙糕。夹心糕以猪油、豆沙、枣仁、红绿瓜丝、绵白糖为馅心，外观呈正方形，色泽鲜艳，特点为松、香、软、甜。素糕系混入上等绵白糖，外观呈大块长方形，雪白细腻，线条清晰，特点为松、甜、糯、软、凉，盛夏季节一周内不馊变。条形素软糕有羽状刀痕，可随意分开，甜度适中,清香可口,添加薄荷更是夏日饮食佳品。

　　作为江南稻作食文化的杰出代表之一,叶榭软糕很好地保持了原生态环保无污染的制作方法,是研究江南稻作文化的真实活体,反映了江南地区饮食文化的人文特质。

第三节 民间舞蹈类：龙舞（舞草龙）和花篮马灯舞

一、龙舞（舞草龙）

舞草龙为第一批国家级非物质文化遗产扩展项目名录，叶榭镇文体所作为保护单位，主要落实传承保护工作。由于草龙道具的原料以草、竹篾等为主，容易脱落，不易久存，因此，国家级传承人费土根定期组织人员修理和维护，制作、修缮草龙道具，并做好存放和保护工作，以便进行各类演出、展示。2010年在制作草龙道具的基础上，叶榭镇又携手竹编老艺人挖掘了一批竹编作品，并于6月在上海世博会"秀空间"活动中进行了现场制作表演和成品展示。2010年起费土根着手挑选其子等适当人选教授草龙道具的制作技艺。

舞草龙队伍目前有两支。一支为成人队伍，由学校体育老师和文艺骨干组成。自队伍成立至今，定期排练，传承创新，不断提高舞草龙表演水平，多次参与市、区、镇各类演出，其中在"长三角"吕港杯迎世博龙舟赛中获银奖、上海市第七届农民运动会竞技项目"三林杯"舞龙比赛荣获三等奖等。另一支为学生队伍。2008年春组建，长期保持60人左右，每周授课一节，教案程式化，进行正规化教学，主要有介绍舞草龙历史渊源、祭祀仪式、制作工艺、传承人等。舞草龙教案还在市教育系统公开课评比中获一等奖。

2009年龙舞（舞草龙）传承人费土根及草龙道具制作班子，与文化馆美影部共同制作了一组"浦江水族迎世博"系列彩灯，参加了元宵灯会展示，获得观看者好评。2010年6月，龙舞（舞草龙）项目走进上海世博园区，在"秀空间"活动中携手竹编艺人,现场展示竹编作品和制作工艺,向世界各国的参观者展示了草龙道具的制作技艺。2011年在叶榭镇文化活动中心内开设了舞草龙展示厅,内有展板介绍和草龙道具的展示,免费对外开放。叶榭镇政府还出资近百万元在叶榭成校、叶榭学校、马桥农家羊肉庄设三处展示点,对舞草龙历史资料、活动图片、演出道具、演出服饰等进行展示。

根据市里要求,上海市国家级非遗名录项目丛书《舞草龙》、国家级非遗名录"舞草龙"专题片也在创作和拍摄中,将在上海电视台艺术人文频道、东方卫视等播放。

叶榭镇政府每年投入不少于10万元开展舞草龙活动,保障了舞草龙项目的传承发展。

二、花篮马灯舞

2008年,新浜镇重新组建了由镇后备干部、文艺骨干组成的花篮马灯舞队伍,由市级传承人钱惠其、郁跃峰组织,定期定点排练,开展传承活动,恢复了停演多年的《花篮马灯舞》。同时,配合区非遗保护分中心深入田野,对民间艺人进行采访、录音,并邀请专家学者对新浜花篮马灯舞的历史渊源、文化价值、传承现状进行了调研,新浜镇设立花篮马灯舞保护基地,对花篮、马灯等道具进行制作、维护和保存。

重新组建的花篮马灯舞队伍传承新浜花篮马灯舞的独特艺术形式,参与了众多展演活动,回归民间表演舞台,得到了广泛好评。2008年,参加松江区庆祝上海市第21个敬老日暨第三届老年人运动会开幕式、松江区石湖荡镇第三届运动会开幕式;2009年,在上海市人大常委会主任刘云耕等领导来松江调研松江民间文化时,献上了精彩的花篮马灯舞表演;2010年,在世博会松江区接待国家参展方交流活动中,面向各国友人表演了花篮马灯舞,弘扬和传播了松江民间舞蹈和民俗文化;在新浜镇首届荷花节开幕式上,花篮马灯舞代表新浜本土特色传统民间艺术为开幕式助兴,吸引了众多游客;2011年,先后参加了上海奉贤菜花节开幕式、上海龙华庙会民俗活动周、2011年浦东三林民俗文化节暨"三月半"圣堂庙会、上海古镇文化节、新浜镇第二届荷花节、松江纪念建县1 260周年暨"上海之根"旅游节开幕式、2011年上海南翔小笼文化展暨中国非物质文化遗产艺术展演、2011年上海方塔园非物质文化遗产民俗文化展示周等演出活动。通过面向民众的交流和展示,新浜花篮马灯舞不断注入新的活力,保持了勃勃生机。

第四节 民间音乐类: 锣鼓艺术
(泗泾十锦细锣鼓)

锣鼓艺术(泗泾十锦细锣鼓)为第二批国家级非遗名录,泗泾镇文体所为保护单位,主要落实传承保护工作。

通过深入田野,调查老艺人,进行采访、录音录像,整理文字资料,征集相关实物等形式,恢复《十锦细锣鼓》的排练,于2007年成立松江区文化馆云间古乐团,逐步由松散型的民间业余团队向富有特色的民间音乐组织过渡,成为继承、挖掘、弘扬松江民间音乐的有生力量。古乐团共有23位成员,其中3人为上海市非遗项目代表性传承人。古乐团定期定点排练,对遗留其他古戏乐进行复排、录音。2008年,由松江区文化馆创作部副主任刘勇参与音乐指导。2011年,邀请上海昆剧团李樑老师进行指导和指挥。云间古乐团经常进社区、街道、镇、学校演出,多次代表松江参加省市级的重大音乐活动: 2007年,在"长三角地区非物质文化遗产保护项目民俗展演""市人大常委会刘云耕等领导来松调研松江民间文化"等活动中演出。2008年12月3日,在"民间文化进大学城"活动中,云间古乐团进入东华大学和上海工程技术大学校园作专场演出,受到青年学生的热烈欢迎,反响很大。2009年,参加了第二届江阴刘天华民族音乐节、上海古镇文化展演、程十发艺术馆开馆等活动。2010年,参加了BMW中国文化之旅、朗诵艺术节等活动并进行了演出。在2010世博会松江区接待国家参展方交流活动中,十锦细锣鼓的表演使参加活动的外国友人更深入地了解了松江民间文化。2011年,云间古乐团参加了区春节团拜会、区端午龙舟赛、松江非遗进校园等活动演出,并在"松江区第二届老年艺术节——器乐比赛专场"中取得了优异成绩,展现了松江老年人的精神风貌。2011年6月10日,"松江区非物质文化遗产进校园活动开幕式暨学生课外实践基地揭牌仪式"在复旦大学上海视觉艺术学院举行,开幕式上《十锦》的现场表演赢得大学生们的连连称赞。2011年8月23日,云间古乐团面向远道而来的台湾国民党荣誉主席吴伯雄夫人戴美玉一行演奏《十锦细锣鼓》,独特的本土民间音乐让台湾同胞们耳目一新。近年来云间古乐团连续多年参加"长三角地区民乐展演",获2009年第五届"长三角地区民乐展演"活动"保护传统文化重大贡献奖"、2010年第六届"长三角地区民乐展演"活动"优秀团队奖"。泗泾十锦细锣鼓以质朴的民族民间音乐特质、成熟的表演水平赢得了社会的广泛认可。

2011年,组织全区民间音乐演奏队伍进行录音,对民间音乐再次进行摸底普查,并把《十锦》等曲目收录进《纪念松江建县1 260周年松江非物质文化遗产集锦》。区非遗保护分中心还从众多民间音乐中挖掘出了《戏鹪鹩》,由文化馆刘勇老师重新作曲,上海昆剧团李樑老师指导,整合松江全区文艺骨干组成了民乐团进行排练,参加在上海星舞台举行的2011年"文化遗产日"上海非物质文化遗产系列活动启动仪式"江南丝竹新作品试奏会"。演出当日,欢快流畅、热情细腻的演奏,激起了全场观众的阵阵掌声。

2011年下半年,将创作、出版上海市国家级非遗名录项目丛书《锣鼓艺术(泗泾十锦细锣鼓)》,并拍摄专题片一部。

2005年,因参加1986年复排《十锦细锣鼓》的原班人员中个别人员已故,为了进一步开展传承活动,为"十锦"注入新生力量,市级传承人彭景良、张洪生选择了唐家昌、唐君毅、顾秀娟等人为培养对象,经过多年手把手地教授,目前已成为《十锦细锣鼓》打击乐器中主要演奏人员之一,常参加各类活动展示,如长三角地区民乐展演等。2009年8月起,在泗泾小学设《十锦细锣鼓》的传承教学基地,挑选了15名三年级学生,分3个班,每星期两次,每次两小时进行传承活动,并利用寒暑假进行集中传授。先让学生们理解学奏《十锦细锣鼓》的目的和意义,让他们了解《十锦细锣鼓》的来历和特色,而后教授基本演奏技法。通过两年来的传承活动,同学们不但牢记乐曲的演奏技法、基本要领,还多次上台独立演奏。由于上一届学生升入初中学习,计划从2011年下半年起再挑选一批学员,充分利用公共文化设施,在广大学生中组织开展"十锦"传承普及活动,弘扬中华优秀传统文化,感受中华传统文化的价值和魅力,增强民族精神和爱国热情,在校园中掀起非遗的保护热潮。

第五节　传统戏剧类：皮影戏

　　家住九亭朱家角的民间艺人朱国明（1927—1993年，又名毛宝祥），谈论起当年从事皮影戏的日子，不胜感慨。说起来，历史上有记载的松江地区（相当于现在的上海地区）皮影戏创始人，就是毛宝祥的祖辈、松江皮影戏创始人毛耕渔（1850—1907）。毛耕渔26岁开始投身皮影戏事业，一生为之呕心沥血。在制作皮影和排练演出之余，重编《赋扎》，修改剧本，改造唱腔。毛耕渔也是上海皮影戏的鼻祖，他26岁赴浙东拜殷茂功为师，潜心从事皮影戏31年，得江南皮影戏真传，创立了上海特色的皮影艺术。毛耕渔的可贵之处在于他不墨守成规，而是善于吸收创新。他大胆起用唱高台山歌的"结篱人"赵少亭为助手，请丝竹名家——七宝镇铁店老板钱连奎、善吹笛子的砾砀庙怀周和尚和善于打击乐的姚家车陈道士一起加盟，组成了当时松江府治内第一个皮影戏班。从此，这个皮影戏班一边不断推出剧目《封神榜》《西游记》《水浒传》《隋唐》《岳传》等20多部连台本戏和一大批长篇选段、短篇，一边收徒壮大队伍，一时声名鹊起。他们冬天在松江岳庙西房长演，春、夏有时辗转上海各地，有时甚至下乡村，特别是秋季，邀演者纷至沓来。华亭、金山、青浦、南汇、奉贤、川沙……所到之处，村村空巷，观者如潮。光绪十八年（1892），青浦蔡鸿义赠匾"鸿绪堂"。自此，鸿绪堂皮影戏声名远扬。到光绪三十三年（1907）6月29日，积劳成疾的毛耕渔身染时疫，在庄家桥（今九亭镇庄家居委会所在处）坚持带病演出，不幸猝死在舞台上。可幸传奇并未到此终止，新中国成立后，光松江县就有毛氏后裔朱家角朱国明领班的鸿绪堂皮影戏班、九里亭陶鸿儒（毛氏第四代徒)皮影戏班、泗泾余友三(毛氏第四代徒)皮影戏班、卖花桥陆留其(毛氏第五代徒)皮影戏班等,以至第六代、第七代的门徒也登场演出,一时活跃非常。然正值松江皮影戏兴盛之际,古装戏剧突遭禁演。不几年,一场劫难降临了。"文化大革命"打倒了皮影戏。20世纪80年代初,朱国明又联合起一些失散的老艺人,重组起皮影戏班子。他凭记忆把原先的毛氏《赋扎》《画本》及乐曲重新建立起来,此举得到了毛氏第五代门徒琚墨熙先生的鼎力相助。于是,一本由原创人毛耕渔的孙子朱国明口授、琚墨熙整理的《毛氏皮影赋扎》手抄本问世了。朱国明老先生去世后,以《毛氏皮影赋扎》为基础整理的文字资料和以朱国明老先生制作的皮影拍成的照片资料为主体编写的《松江皮影戏》一书终于得以出版。

松江皮影戏被列入上海市级非遗名录。松江皮影戏主要以西乡调为基础,逐渐形成独特的板腔体音乐,念白大多用松江方言土语,间杂京昆念白。过去,松江著名皮影艺人主要活跃于泗泾地区包括今洞泾、九亭,新中国成立后较著名的有九亭陶鸿儒、洞泾陆留其,泗泾俞友三、朱锦洪等人。如今老一辈健在的皮影戏艺人,只有唐洪官老先生一人(师从俞友三),已80以上高龄。

一场皮影戏除了表演的人,还需要吹笛子的、拉二胡的、敲锣鼓的和打鼓板的,缺一不可,所有的老艺人基本都是吹拉弹唱样样精通。

这些看似简单的皮影,在老艺人们的手中,时而奔跑跳跃,时而凌空飞翔,这其中的手上功夫靠的是几十年的钻研与坚持不懈。松江的皮影戏道具,继承了江南的皮影制作风格,轻雕镂而重彩绘,线条色彩大量运用工笔画的技法,俊美秀丽,部分辅助装饰如龙庭、宫灯、座椅等辅以镂刻,人物造型色彩艳丽,整体映像效果鲜明靓丽。早些年皮影戏在民间很火爆,皮影戏表演者一年唱到头,很少停演,如今虽然难以跟上时代潮流,但在很多人的努力下,松江皮影戏焕发出新的生机。为了不让这一民间艺术消亡,松江区文化馆整理出版了《松江皮影戏》一书,并组织民间艺术力量复排经典剧目,用多媒体的形式加以保留。泗泾镇也将"马泗滨堂"(即"马家厅"),作为松江皮影戏的传承基地,每周四下午固定演出。

2007年起,开展对松江皮影戏的普查工作,深入田野,调查现存老艺人,并进行采访、录音、录像,整理文字资料,征集相关实物,数据库输入,进行皮影戏的市级非遗名录申报工作,并于2009年6月22日公示。

近年来,区非遗保护分中心对皮影戏项目开展了一系列保护工作,以制作皮影人物道具、开设学生兴趣班、组织交流表演活动等形式为主。2008年,区非遗保护分中心组织陆留其、朱锦洪等市、区级传承人,带领有绘画基础的民间老艺人、大学生,共同制作了一批皮影人物,保存于松江区文化馆。还恢复皮影戏表演和乐队伴奏人员的日常排练,添置演出道具,保证皮影戏顺利演出,先后在洞泾镇、泗泾镇以及松江大学城校园内演出。表演贴近原生态,栩栩如生的人物、生动曲折的故事和热火朝天的表演场面极富吸引力,观众爆满,都为老艺人们精湛的表演鼓掌叫好。还在校园中开展兴趣培养活动,开设皮影人物制作班,传授皮影人物制作的基础手法,让青少年在了解皮影的制作和表演原理后,更加深入地体会到皮影戏的艺术魅力。皮影戏演出班子还多次与其他皮影戏流派开展交流演出活动,如赴七宝古镇与七宝皮影戏进行了交流,提高技艺。

第六节　传统医药类：余天成堂传统中药文化

余天成堂创始于1782年（清乾隆四十七年），距今已有230多年历史，可以说是上海市地区建成最早的中华老字号中药店，特色是传统中医药文化。由松江区供销合作联合社申报，上海余天成医药有限公司为保护单位，主要落实保护传承工作。

余天成堂拥有雄厚的药学专业技术人才，现有执业药师、主管药师等药士以上职称261人，高、中、初级药学专业技术等级工187人。拥有9 000多平方米仓库的配送中心，下属还有专业生产、经营中药饮片的中型饮片厂。为确保市民用药安全，提供了有效坚强的保障。

余天成堂拥有以余天成堂药号为核心的96家连锁药店，14家医保定点药房辐射在松江城区以及所有乡镇。所售商品由配送中心实行统一配送，由计算机网络实现自动化管理，具有经营网络化、管理规范化的规模化经营优势。

数年来，余天成堂始终以科学发展观统领全局，坚持"团结拼搏，振兴药业，与时俱进，开拓创新"的企业精神，经营规模和销售业绩连年攀升，连续四届被评为上海市"文明单位"，先后获得市"守合同、重信用"企业、上海服务名牌、上海市著名商标、上海市首批守法经营示范企业等光荣称号。

市、区级传承人应博君、孙崧、唐晓峰、徐维民，近年来在各岗位上培养了多名传承人，从传授中医药知识、中药配方审方、丸散加工、配称中药等方式入手，运用多种方法，传承、保护余天成堂传统中药文化。

第七节　民间文学类：新浜山歌

一、新浜山歌概述

新浜山歌又名田山歌、耘稻山歌,在松江区新浜镇、泖港镇一带流传。

新浜镇文体所为保护单位,主要落实传承、保护工作。首先,认真配合区非遗保护分中心对田山歌进行了广泛细致的普查,搜集、采录文字和影像资料,并积极申报市、区级非遗名录。其次,在传承方面,组建了一支由十多人组成的田山歌队,其成员全部来自新浜本地,开展传承活动。同时制定详细的排练计划,邀请区文化馆专业老师为团队进行精心指导,组织参加各类文化演出,再现民间山歌的传统文化艺术。第三,在资金保障方面,新浜镇每年投入经费用于团队各类活动开支,不断增加团队排练的硬件设施,如固定排练场地和活动场所等。此外,还吸收了会唱山歌的青年人加入团队中,从而提升了团队的活力和生命力,进一步推动传承活动的开展。

新浜山歌队在原生态表演形式的基础上传承创新,丰富了舞台表演的感染力,近年来受邀参加了众多展演活动。2009年,参加新浜镇敬老院"迎国庆60周年、九九重阳节"文艺演出、新浜村"迎国庆60周年、迎中秋"文艺演出;2011年,参加了新浜镇第二届荷花节周周演活动,纪念松江建县1 260周年暨第九届"上海之根"文化旅游节、2011年松江购物节开幕式及第三届"水乡音花"长三角地区田山歌交流展演等活动,耳目一新的艺术形式给观众留下了深刻印象。

新浜位于松江区西南端,黄浦江上游以南,东依菇塘港,与本区泖港五库相望,东北与本区石湖荡镇毗邻,西与青浦区练塘镇、金山区枫泾镇接壤,北以大蒸塘为界,与青浦区练塘小蒸、蒸淀隔水相邻,南以三秀塘与金山区枫泾镇、兴塔镇相隔。

新浜地域在东经122°,北纬30°,全镇现有11个行政村,1个居委会。新浜地区在清末属华亭县枫泾乡,民国时期属松江县枫泾区新方乡。新中国成立后,属枫泾区新文乡。1957年7月撤区建乡时,由原来枫泾区的新石、新文、路泾三乡和王钱乡的民主、兴隆高级社、庄长乡的农华、农益高级社组成新浜乡。1958年10月实行政社合一,由16个农业生产高级社组成“跃进人民公社”。次年改称为“新浜人民公社”。1984年3月改设新浜乡。1994年2月,撤乡建镇(镇人民政府设在新浜镇中心街1号),行政区辖不变。

新浜全镇面积44.74平方公里。全镇现有户籍人口27 910人。外来人口约8 000人。新浜境内地势平坦,东部略高,西部低洼,河道纵横,共有53条,池塘众多,素称“鱼米之乡”。

新浜属亚热带季风气候,平均气温15℃左右,无霜期230天,年平均降水量1 103.2毫米。新浜以独有的地理环境、丰饶的物质资源和丰富的吴越文化,孕育出了独特丰富的民间文学,特别是民间歌曲,在创作和传承中不断发展,并逐渐走向繁荣,故新浜被誉为“田山歌之乡”。新浜镇内72个自然村都有田山歌班,影响遍及青浦、金山等地。

以前,新浜地区只种一季稻,农活高度集中之际的耕耘,历时最久,花工量最大,一季稻耘稻三遍,即“头通、腰通、三通”,地主及大户人家田多,往往雇用帮工、短工、长工30人左右耘稻,这时长工们就自发组织起山歌班传唱山歌,抒发心中的愿望。

新浜镇共有72个自然村,解放以前,各村各庄有山歌班,每逢盛夏耘稻之际,田野上山歌妙音,如行云流水,往往一曲终了,余韵阵阵,不绝于耳。歌手们唱的田山歌无论词曲,均具有相当浓郁的江南水乡色彩。从新浜地区已发掘、采录、整理出的一大批长、中、短田山歌来看,都有较高的历史价值和艺术价值,其中三部长篇民间叙事田山歌《刘二姐》(刊上海《民间文艺季刊》1986年第1期)、《姚小二官》(刊上海《民间文艺集刊》第8期)、《庄大姐》(刊上海《民间文艺季刊》1986年第3期)的出版和发表,尤其《庄大姐》《刘二姐》被入选《江南十大民间叙事诗》,不仅填补了长达一千多年中国文字史上无汉族民间叙事诗的空白,而且也反映出新浜地区民间田山歌的悠久历史。

早在清初,新浜就已初具田山歌之乡的规模,它的雏形可能还要早。家住新浜的吴语地区杰出民歌手张玉舟唱的吴歌《刘二姐》:"姐叫情哥勿要慌,天大官司姐担当。姐道:郎呀捉到堂浪三敲六间,口供勿要招实事,声声句句话姐偷郎。"又如短山歌《撩郎》:"姐妮生得貌堂堂,同桌吃饭脚撩郎,姐是左脚撩郎右脚撩郎,郎勿应,双泪挂胸哭进房。"这些山歌在明代冯梦龙辑录的山歌中都可见踪影,足以印证新浜田山歌之乡还有更早的源流。

据采访新浜地区歌手张玉舟(已故)等人说:他们的田山歌都是从老一辈歌手那里学来的,包括邻近村庄有名的头歌手。张玉舟16岁当长工,18岁学山歌,20岁就唱头歌。他师承父亲张孝云,最佩服他父亲的师傅,据说能把《刘二姐》的长篇叙事诗倒过来唱。按照山歌手张玉舟向父亲及邻近著名头歌手学唱山歌的年代往上推,新浜地区田山歌的繁荣局面形成于清末民初。

对新浜境内一个自然村方家哈进行了细致的调查考证,访问和了解了那些年事已高但仍健在的民歌手,他们对新浜田山歌之乡在清末民初已形成繁荣局面都作了确凿肯定。提供两个材料,一个是清末民初方朴庆(今年90岁)的老娘去给棉花田松土除草时,倒背《刘二姐》,以慰解闷。还有一个是汤琴仙(今年88岁)的祖父汤进山,一次带山歌班到邻村耘稻——因前年儿子耘稻头通(第一次)时,唱错了山歌句,将《庄大姐》中"摇一橹过一浜,两岸杨树压孟孟"错唱作"两岸杨树能勿兴"遭人羞辱——汤进山决心挽回声誉。汤进山山歌班坐在船上,唱着山歌进村,并唱道:"旧年头头通那囡子唱错仔,今年头腰通唔爷《余杭》倒转唱。"歌手汤进山索性将《刘二姐》倒唱一遍,一时轰动。可见清末民初新浜地区田山歌竞唱,以倒唱而见功力。

田山歌是劳动人民(农民)在田野里干活(主要是耘稻)时由一人领唱,多人响应的一种演唱形式。新中国成立前,农村几乎都是单家独户种田,一家一户各种自己仅有的几亩田地,大部分都是租财主的土地耕种。财主家地多,少则几十亩,多则几百亩,他们靠自家人种田,根本不可能,必须叫人帮种。没有土地或土地少的农民有的到财主家做长工,有的打短工,或者趁散工,还有的农家与农家之间做便工,这样干活的农民就形成班子,或者叫帮子,为唱山歌创造了条件。由于整天干活或者多天干活比较疲劳,为了消除疲劳,增添乐趣,就有人出主意讲故事,说笑话,唱山歌,开始由一人或一人以上讲唱,后来发展到多人,甚至十多人一起唱,人人都有角色,这就是咕山歌、田山歌或者叫耘稻山歌,有《问黄蟹,答黄蟹》《十只台子》《十二个月花名》《十见郎》《十杯酒》,等等,山歌内容从历史传说到创作,最动听的是私情、爱情故事编成的山歌,在田野里劳动时唱。山歌可以消除劳动的疲劳,如:长篇叙事诗吴歌《庄大姐》《姚小二官》《刘二姐》《严六姐》《五姑娘》,等等,均有私情爱情的情节。有的山歌是通过幻想情节表现,多数山歌是现实生活的反映,真实地反映了人民群众的思想愿望。山歌种类大体上有"阳照头""大头歌""落秧歌"3种,如叙事诗《庄大姐》里一段"陈家好年用"是用阳照头形式进行演唱,节奏自由,通俗易懂。

1. 新浜地区的田山歌是在耘稻劳动之中所唱,一般由一人领唱,众人轮流接唱。

2. 演唱内容大多是爱情故事,唱时音调高亢,旋律起伏较大,常有大跳进行,结束时一般都有向大跳进行的倾向。

3. 演唱节奏都为散板、自由板,由于在田野里演唱,要使歌声嘹亮,旋律在高音区活动较多,演唱者用真假声相结合。

4. 新浜田山歌具有真、新、尖、俗的特性,是以吴语为特色、以男人为主体的多种形式的田间演唱。

5. 耘稻田山歌歌词自然贴切、简明易记,曲调优美动人,是劳动人民劳动生产、生活的产物，真实地表达了广大劳动人民的思想、意志和愿望。

二、新浜山歌的价值和意义

新浜田山歌植根于劳动人民之中，曲调脍炙人口，朴实生动，情趣盎然，数百年来代代相传，显示了无限的生命力。流传于新浜地区的田山歌，可谓研究江南地区民间口头叙事长诗的鲜活材料。发掘、整理、抢救这一民间口头相传的民间文学是利在当代、功在千秋的大事，意义极其深远，价值无量。

（一）学术价值

1. 流传于新浜地区的《庄大姐》《姚小二官》《刘二姐》三部长篇叙事吴语田山歌已被采录和发表，尤其是《庄大姐》《刘二姐》两部叙事长诗入选《江南十大民间叙事诗》，它不仅填补了长达一千多年中国文学史上无汉族民间叙事长诗的空白，而且也折射出吴越文化的深厚积淀。

2. 流传于新浜地区的田山歌，均具有较高的学术价值和文学艺术价值。尤其是三部长诗田山歌的发表已引起国内学者、专家的重视和兴趣，他们纷纷撰写研究论文，在有关章节中专门作了研究和评价。上海民间文艺季刊副主编王仿在《江南吴语山歌源流考》中写道："当时的歌手心目中，以长为贵，力争制胜对方，在此基础上，经歌手师承的创造的长篇叙事山歌才得以发展繁荣。"王仿在论文中又说："山歌班中唱头歌的，他们对叙事诗的发展贡献大……松江新浜的张玉舟，他唱的叙事山歌虽然是师傅教的，但加进了他从别的山歌和别人唱的同样山歌里吸取的养料，使师傅教给他们的原作品得到不同程度的丰富和发展。"

3. 流传于新浜地区的田山歌在构思和情节安排上都具有独特的艺术特色，特别在长篇叙事田山歌中写情、绘景、状物、摹声、描形等都具有较高的审美价值。

（二）现实价值

1. 参与繁荣、丰富社区群众文化工作的开展；

2. 让更多的人了解历史，了解民族优秀传统文化；

3. 增强民族凝聚力，促进和谐社会的发展。

但是，当前也存在一些问题。

1. 大多数的民间艺人年龄偏大，后继无人；

2. 随着城市化进程的推进，演唱人员越来越少，难以维持，规模日益萎缩退化；

3. 演唱曲目随着老艺人的过世，逐渐遗失，亟待抢救。

（三）静态保护

1. 全面深入细致地开展新浜地区耘稻山歌的普查工作，进一步摸清新浜地区耘稻山歌队的情况，形成文字材料归档保存。

2. 对新浜地区的所有民间艺人进行登记。

3. 邀请有关专家对流传新浜地区的耘稻山歌作论证。

（四）动态保护

1. 采取切实措施，保护好老艺人，进行录音、录像存档。

2. 已恢复的耘稻山歌按时排练。

3. 恢复新浜地区耘稻山歌的传唱活动，扩大影响。

4. 区、镇两级财政保证每年有专项资金资助此项活动。

5. 组织青年学练耘稻山歌，加深印象，提高兴趣，培养传承人，建立继承队伍。

6. 在原生态表演的同时，开掘它的潜在价值，实现"活态保护"。

新浜镇已投入10余万元，用于排练、展示和传承人的培养，已在镇、村级文艺巡演等活动中展示。主要保护好耘稻山歌的歌谱，掌握好演唱技巧等，尤其是组织区域年轻爱好者在老艺人的指导下，集中排练，提高质量，加大宣传。

第三章　主题报告

第一节　知识产权系统和邻接法律保护原则

一、我国非遗保护的立法概况

（一）国家层面非遗法律保护分析

在《非物质文化遗产法》颁布之前，我国对于非遗的法律保护散见于各法律条文之中。如《宪法》当中对各民族语言和风俗习惯的肯定；《民族区域自治法》当中对自治区民族的历史文化和文物古迹保护的支持。此外，法律还对非遗的保护做出了义务性规定。例如《宪法》中就有对优秀古建筑、古文物和其他重要历史文化遗产做出保护的义务性规定；在《刑法》当中则存在规制公民的宗教信仰自由不受剥夺和少数民族风俗习惯免受侵犯的刑罚，即处两年以下有期徒刑或者拘役。在非遗保护领域，《非物质文化遗产法》的颁布以及实施具有里程碑的意义，体现了我国非遗保护立法的科学性与系统性。《非物质文化遗产法》首先对什么是非遗进行说明，其次进一步阐述对非遗的保存措施，包括认定、记录、建档等方式。这些保护措施对加强我国非遗保护的实践操作具有深刻的指导含义。但是该法仍旧存在着一些问题，比如对非遗保护的外延表述比较含糊不清，在现实中也难以形成相对完整具体的评估体系与标准，一些针对性较强的政策零散分布在行政法规中。《非物质文化遗产法》的出现，解决了保护领域法律缺位的问题。从国家立法层面的角度来说，该法把大量分散在各类法律、行政法规和规范性文件的条文进行了系统化和科学性的汇总与提炼，形成了一部专门性法律。《宪法》作为包含非遗精神的母法，为我国在非遗立法的制定过程中提供了制定依据，成为非遗立法的指导方针。大量有关非遗的行政法规也为充实我国特色的非遗法律体系添砖加瓦。

（二）地方层面非遗法律保护分析

从地方层面对非遗保护的立法角度来看,囊括以下两类:

首先是依据上位法(比如《非物质文化遗产法》等)或依据本地区的非遗类型所制定的地方性法规。前者,通常由省级或市级根据上位法在通过观察该区域非遗所具有的普遍性特征的基础上来制定地方性法规,例如《上海市非物质文化遗产保护条例》。其次是针对非遗保护具体措施而制定的地方规章以及规范性文件,主要是对非遗的保护进行具体措施和保护方式的细化,例如《上海市非物质文化遗产项目代表性传承人认定与管理办法》等。

二、我国非遗保护的主要措施分析

（一）对非遗进行调查

我国现有的地方立法与中央立法草案都强调责任与义务,却没有有效解决公众在参与非遗保护时所应获得的对遗产的实际认识与认同,这在一定程度上阻碍了有效的保护与传承。所以当前在非遗调查过程中,大多是在调查问卷的基础上研究民众对于非遗情况的认知以窥探保护的效果与现状,并就一些问题提出相关的建议。近年来,非遗的保护日益受到政府和民间的重视,也开展了不少非遗的保护与宣传工作,但其保护的实际效果究竟如何,还应当通过公众对于此的了解、关注及支持程度来看待。为此松江区开展了一些保护、抢救工作,但是由于保护才刚刚开始,工作中还存在着不少问题。比如对非遗传承人和相关专家而言,不少地方政府的建设正是对于非遗的一种破坏,政府在保护中有一种重名录申报、轻实际保护的倾向,许多保护资金难以落到实处,青年人对于传统文化的接受度不高,许多地方的宣传工作停留于运动式、政绩式、任务式的宣传,收效甚微。并且,现在许多省份也有相关保护条例出台,但仅仅是千篇一律地强调责任与义务,却鲜有立法者关注保护工作的实际效果,对公众强调任何单位和个人都有保护非遗的义务,但对优秀文化遗产如何惠及公众少有提及(如获得相应非遗知识的切实宣传与教育等)。公众如果只有保护之义务,而无保护之受益权利,何谈非遗的传承与保护? 在我国政府主导的保护模式之下,对于公众实际情况的了解以及在此基础之上对公众在非遗保护中的作用的探讨显得十分必要。

1. 开展普查,收集整理资料,建立完整的资料数据库

普查工作是抢救与保护非遗的首要任务。普查中的一项重要工作是采集作品和记述民俗。全面而科学地采集好非遗作品,忠实地记录下各种民俗文化事项,才能保存下流传至今的非遗的真实面貌,从而为我们从民间文化角度研究民众的思想和世界观提供了可能,为党和政府制定、实施非遗保护规划乃至文化发展国策,提供可靠而科学的依据。所以,做好普查,摸清底数,才谈得上保护,抢救与保护也才更有针对性。普查是对现在还在流行的各类非遗形态、作品,优秀的非遗传承人,进行调查、登记、采录、建档工作,按照全国统一编码进行登记并分级建档。凡具有历史、科学、艺术价值的非遗均在普查和保护之列。普查要覆盖全国,深入到每一处偏远的山乡。普查中,要以马克思主义唯物史观为指导思想,客观、科学地看待和分析非遗的发生、发展,以及在漫长的历史进程中出现的种种现象。要充分尊重民众的创造性,以全面性、代表性、真实性为普查的指导原则。所谓全面性,是指普查中要避免主观主义和教条主义,要兼顾城镇和乡村、兼顾不同人群的全面调查和采录。所谓代表性,即在全面掌握某地区的非遗蕴藏情况的基础上,选择有代表性的民俗事项、有代表性的体裁形式、有代表性的作品等,加以认真、科学地采录。所谓真实性,是指普查时要忠实地采录讲述者讲述的原貌,按照民间文化作品和民俗表现形态,保持原状、不加修饰地将其记录和描述下来。只有符合这"三性原则"的普查和采录成果,才是真实而有价值的,才能经得起历史的检验。

2. 要做好普查工作,还要掌握科学的方法

普查工作主要有三个步骤,即:普查准备阶段;实地考察阶段;总结评审

阶段。在普查准备阶段要做好两项工作，一是制定出普查工作的具体实施方案（计划、大纲、登记表格等），明确普查任务，确定普查时间、目标、方法、步骤，落实人员配备；二是为普查工作人员组织学习培训，使他们明确普查工作的目的意义、目标方法，并根据普查任务和个人专长对普查工作人员作出合理分工，做到各司其职、互相配合。实地考察阶段是普查的重要阶段，应因地制宜、因时制宜，根据不同情况可采用不同的调查方法，如重点走访、抽样调查、开小型调查会、观摩民间艺术家的表演、参与民间手工艺制作及民俗节庆活动等。调查采访者以笔录、摄影、录音、录像等方式真实地记录下现场考察成果，同时还要注意搜寻民间传抄的唱本、长诗、鼓词、皮影脚本、宝卷（宣卷）、经书、图画册页等手抄本。采集到的口头文学、民间艺术品、民俗实物、摄影摄像、仪式的素描，除原件原物外，还要按照表格的要求进行登记。登记的项目，既要有文本实物的名称、内容简介、类别等，也应有讲述者、表演者、提供者的背景材料（姓名、性别、年龄、民族、身份、文化程度、简历、传承系脉、居住地等），还要有采访者（姓名、身份、工作单位、文化程度、联系地址等）及采录的时间地点。总结评审阶段，重点要写好调查报告。调查报告应按照普查计划和调查提纲逐一叙述，要对各项内容及要求做出分析和统计，形成完整的书面材料。

3. 做好普查后的完善工作

普查之后，是对遗产的登记、分类、整理、出版，将普查的结果系统化、规范化、档案化，确定非遗保护名录，对遗产设定不同的保护级别。除了图片和文字性的成果出版之外，还应建立以照片和磁带为主的"中国非物质文化遗产影像档案"和用计算机管理的"中国非物质文化遗产数据库"，以及民间传承人档案馆。各省（市）、地、县要努力创造条件，更多更好地建立具有地方特色和民族特色的非遗博物馆或民俗博物馆。这类博物馆既能保存大量的非遗，又能对其收藏物进行生动的展示，是进行传统文化教育、民间艺术教育和中外民间文化交流的最佳场所之一。

（二）建立非遗代表性项目名录制度

2006年，在我国首个"文化遗产日"前夕，国务院公布了第一批共518项国家级非遗名录。这些经过层层甄选出来且具有典型意义和杰出价值的优秀非遗，成为全民关注的热点，各地随之掀起了前所未有的保护热潮。建立国家级非遗名录的首要目的，是推动我国非遗的抢救、保护与传承，并在此基础上，逐步完善我国非遗保护名录体系，最终形成国家、省、市、县四级宝塔形名录体系。国家级非遗代表作名录由国务院批准公布；省、市、县级非遗代表作名录由同级政府批准公布，并报上一级政府备案。今后我国向联合国教科文组织申报非遗代表作的项目，将从国家级非遗名录中产生。与此同时，政府应定期公布重要的、濒危的非遗名录。我国的非遗分布在全国各省市自治区，要使保护工作落到实处，各地就要健全职责明确、高效长久的工作机构和比较稳定的专业队伍，进而形成良好的工作运行机制，确保非遗保护方针、工作原则、政策法规得以贯彻执行。省、市应建立非遗保护委员会及非遗保护中心，县一级应设置非遗办公室，分别负责领导、规划、落实本地区非遗保护工作，进而全面落实国家、省、市、县四级非遗保护计划。由于我国非遗主要分布在广阔的农村，还有相当大的一部分在少数民族地区，因此，乡、村是我们非遗保护的重点，特别是在少数民族地区。我们应当在各主体少数民族相对集中的地区建设民族非遗项目生态保护圈，在保护圈民族聚居区中，对具有代表性、独特性而又濒临消亡和传承危机的民族非遗项目建立保护性基地，如特色艺术乡、民歌村等，把它们建设成类似"自然保护区"那样的非遗项目保护区。由于各类非遗的表现形式不同、创造方式有别，因此，对非遗保护既要遵循普适性的保护原则与方法，又要注重因类而宜，实施科学的分类保护。对民风、民俗类遗产要在采风整理的基础上，以图、文、声、像等形式保存；要注意收集一部分非遗实物，送进博物馆收藏和展示。这样，有针对性的且措施得当的国家、省、市、县四级保护体系一旦建立起来，就能达到预期的保护目的。

（三）建立代表性传承人评审认定体系

联合国教科文组织开展的建立《人类口头及非物质文化遗产代表作》的命名和《关于建立"人类活珍宝"制度的指导性意见》，在理论和实践上给予了支持和保障，并有力地促进了非遗的传承和弘扬。我国应以此为借鉴和指导，建立重要及濒危非遗评审认定制度，即在普查的基础上，根据非遗的历史、文化、艺术、科学等价值，确立其中重要的、濒危的非遗进行重点保护。国家、省、市、县四级政府在认定重要非遗项目的同时，应重视认定传承人，将传承人纳入"人类活珍宝"的范围。要依据联合国教科文组织《关于建立"人类活珍宝"制度的指导性意见》，建立适合我国国情的非遗项目传承人保护制度，为他们创造好的生活、工作条件。要对他们的传承进行档案登记、数字化存录，建立专门的图文影像数据库；组织专家对传承人的成就和传承工作进行学术性、专业性的分析和总结；对其优秀成果举办展演、展览和展示；同时安排他们通过授课、带徒等方式培养接班人，使其技艺得到完好的传承。

除此以外，有关社会团体和各个保护机构也要为传承人的保护作出努力。2005年5月24日，中国艺术研究院聘任了30名来自全国各地的杰出民间艺人为民间艺术创作研究员，今后还将在5年内陆续聘请100位德艺双馨的民间艺术家为创作研究员。中国艺术研究院将筹措经费，为这些民间艺术创作研究员举办展览、研讨会，并用录像和记录等方式将他们的技艺整理、保护下来。这些举措都将有力地促进我国非遗的抢救、保护和研究，建立起以人为核心、科学有效的传承机制。

第二节　对我国非遗行政保护模式的评价

一、记录和保存非遗阶段的适应性

（一）非遗资源的适应性保护路径

1. 加大松江非遗普查力度

普查工作是保护非遗资源的首要任务。普查中的一项重要工作就是收集作品和记录相关技艺。全面而科学地收集好松江非遗资源，忠实地记录下各种民间技艺，才能保持非遗的真实面貌。做好松江非遗普查工作，摸清底数，才能谈得上保护，保护才更具针对性。所以，非遗普查要以全面性、代表性、真实性为指导原则。全面性是指普查中要避免主观主义和教条主义，要进行兼顾城镇和乡村、兼顾不同人群的全面调查和采录。代表性是指在全面掌握松江地区非遗蕴藏的基础上，选择有代表性的题材、作品进行认真科学地采录。真实性是指普查时要忠实地记录讲述者讲述的原貌，将相关工艺、技艺保持原状、不加修饰地记录和描述下来。只有符合这三个原则的普查才是真实而有价值的，才能经得起历史的检验。做好松江非遗普查工作，还要掌握科学的方法。普查工作主要有三个步骤：普查准备阶段；实地考察阶段；总结评估阶段。在普查准备阶段要做好两项工作：一是制定出普查工作的详细方案，明确普查时间、目标、方法、步骤、落实人员配备；二是为普查工作人员组织学习培训，使他们明确普查工作的目标方法。实地考察阶段是普查的重要阶段，应因地制宜、因时制宜，根据不同情况采取不同的调查方法。总结评估阶段重点要写好调查报告。调查报告应按照普查计划和调查提纲逐一叙述，要对各项内容及要求作出分析和统计,形成完整的书面材料。

2. 构筑松江区域非遗文化圈

目前必须对松江地区的非遗分布状况有一个全面的了解,构筑松江区域非遗文化圈。每个区域拥有不同数量的非遗,在非遗地理分布上,松江地区可以以乡镇为单位,构建相应的区域。松江区域非遗文化圈以各村镇非遗项目为纽带,将与非遗保护传承相关的资源进行整合:将各乡镇非遗保护中心、地方文化局、文化馆联合起来组成政治环境;将自然生态保护区、文化生态保护实验区、传统文化村镇和文化保护区加整合组成自然人文环境;将非遗博物馆、生态博物馆整合成为物态环境;将非遗教育机构、研究中心、相关高校、非遗传习所进行整合组成教育环境;将非遗相关企业、手工作坊、行业协会等进行整合组成经济环境。同时,松江区域非遗文化圈要以政府为主导,围绕"市场化、信息化、法制化、教育化"开展非遗传承与保护的实践区域文化圈能够发挥对松江非遗的保护作用。从区域内部来看,松江区所辖的非遗保护中心、地方文化局、文化馆可就非遗的普查方法、存档管理等相互探讨,可以联合进行非遗的申报和宣传。教育机构可以就非遗的教育和传习问题开展交流,实现教学资源共享。非遗类企业可以通过相互协作、优势互补进行非遗产品的研发和销售。自然保护区、传统文化村镇要重视对松江非遗自然环境的保护,防止自然环境遭到破坏。非遗博物馆可以将非遗作品在各个馆之间进行交替展览,促进非遗资源的共享,让松江民众更加深入地了解本地区的非遗。同时,各区域内也可以联合举办非遗技艺的展演,举办优秀民间艺人的评选,让更多的优秀民间艺人脱颖而出,增强区域内各组织及相关人员对非遗传承和保护工作的重视,培养松江民众的文化认同感和文化自觉性。从区域文化圈的外部来看,各区域可就非遗的保护、传承人培养等问题进行深入探讨和交流。首先,各区域可在非遗产品的生产、管理、销售上建立统一的规章制度,各区域文化圈之间可以在非遗产品设计、销售等方面相互协作。其次,各区域文化圈以松江的整体名义参加国内外知名非遗展览、交流,努力提高区域内非遗整体影响力和知名度。最后,各区域文化圈可以依据非遗数量多少,管理的难易程度,对同类管理机构进行重组,提高管理效率。

3. 建立松江非遗传承人网络平台

非遗传承是传承人的责任和使命。从松江地区公布的省(市)级非遗传承人情况看,非遗传承人的年龄层次相差较大,年龄区间在47—83岁,超过一半的传承人年龄都超过了60岁,年龄普遍偏高、精力不足问题成为他们进行非遗保护和传承的障碍,传承人需要得到重视与保护。传承人将自身技艺不断创新与发展,薪火相传,只有他们切实参与到非遗保护的具体工作中,非遗才能得到更好的保护,更具生命力和文化传承力。建立松江非遗传承人网络平台,可以使传承人直接参与到非遗保护的具体工作中。第一,管理部门可以实现对松江地区非遗传承人的有效管理。松江非遗传承人分布较为分散,尚无统一的机构对其管理,这个平台把松江所有非遗传承人的信息集聚在一起,便于管理部门及时掌握传承人的动态。第二,有利于发挥非遗传承人在非遗保护中的作用。非遗传承人可以对本区域文化圈的运作和日常管理进行指导,直接参与到本地区非遗保护和管理工作中去。第三,在这个平台上,非遗传承人可以就非遗技艺相互交流,取长补短。第四,这个平台可以为跨区域寻找非遗传承人提供便利。如今,很多传承人居住地区偏远,网上无法找到其联系方式和居住地址,寻找起来困难重重,此平台中应包含传承人的联系方式。第五,此平台还可以作为非遗传承人推荐和自荐的渠道。任何组织都可以推荐民间艺人为非遗传承人,任何个人都可以自荐成为非遗传承人,此举可防止遗漏,使非遗传承人普查更为全面。

(二)非遗市场的适应性保护路径

1. 提高松江民众非遗认知度

(1)民众要自觉提高自身文化素养

毋庸置言,松江民众对非遗的认知度必然要受其自身文化水平的制约,文化水平程度上不去,所看到的只能是表面上的东西,忽略其蕴含的内在价值。

民众可通过上网查阅相关资料、书籍，前往非遗博物馆实地查看或直接拜访非遗传承人等方式扩充知识面，提升文化素养。

（2）松江区政府要加大对非遗的重视力度

提高民众对非遗的认知度，松江区政府责无旁贷。本文认为，要切实加大对非遗的重视力度，松江区政府应该从以下四个方面努力。

第一，宣传方式多元化。松江区政府不仅要利用传统的报纸、广播、电视等传统媒介，还要充分发挥网络的力量，可以设立非遗官方微博、微信公众号。另外，松江区政府还可以设立专项专款成立民间非遗宣传保护队伍，保证宣传方式多元化。

第二，加大对非遗的资金支持。对非遗应设立专项资金，建立本地区非遗展览馆、发展基金等。

第三，建立本地区非遗名录体系。松江区政府应针对本地区实际情况，对本地区非遗进行搜集、梳理，分门别类，建立本地区的各级非遗名录保护体系。

第四，借鉴国外非遗宣传保护的先进经验和做法。例如韩国颁布《文化财保护法》，并制定相关法律保护非遗，注重传承人的认定和保护，对非遗的保护和宣传开始走向商业化、旅游化；意大利政府下放部分权力，政府引导非政府组织积极参与到保护工作中等做法，都值得学习和借鉴。

第五，积极培养非遗传承人，防止出现"人亡艺息"。首先，松江区政府应对非遗传承人予以生活上的照顾，解决其生计问题。其次，要努力改变传承人技艺不外传的观念，扩大传承范围，吸引广大有志者参与到非遗传承中来。再次，可以对非遗传承人及其技艺通过录像方式做成视频资料进行宣传。最后，要打破非遗传承人"终身制"，定期对传承人的资质与传承能力、传承绩效进行考评，向不作为的传承人亮"红牌"，倒逼传承人履行传承责任。

2. 松江区企业应将非遗产品的市场价值和历史文化价值有机统一起来

非遗产品富有深厚的历史文化价值和民族特色，不同于普通产品，对其做市场推广，首先要进行周密的市场调研分析，其次要有有效的产品规划与管理,最后要做好活动策划与宣传,着重宣传非遗产品的历史文化价值和民族特色,使历史文化价值和民族特色成为消费者购买非遗产品的主要因素。此外,要适度推进非遗产品市场化和产业化:首先,企业要重点提升产品质量和服务水平;其次,迎合消费者"好品质自然意味着好价格""便宜没好货"的心理,采取溢价策略;最后,加强产品包装,在产品品质和感知上做出改进。企业竞争力很大程度上通过品牌认知体现出来,品牌竞争有时甚至会成为一种核心竞争力,尤其是在大众产品消费领域,各商家提供的产品和服务没有显著差别,此时,品牌的熟悉程度会成为消费者产生购买行为的主导因素。因此,松江区非遗企业应该按照品牌建设确定发展战略,人性化地满足消费者的需求,注重产品创新,同时与消费者进行有效沟通。

3. 地方高校应加强对学生的传统文化教育

第一,逐步建立和完善非遗课程体系。国务院在《关于加强我国非物质文化遗产保护工作的意见》中明确指出:"教育部门应将优秀的非遗内容和保护知识纳入教学体系,激发青年热爱祖国优秀传统文化的热情。"地方高校教育工作者应把本地区具有特色的非遗文化融入教学当中,不要流于形式,要真正激发学生的热情和积极性,培养一批非遗专业型人才。有条件的高校,可以考虑成立"非遗研究基地"。

第二,鼓励学生成立非遗社团组织。如今,大学社团琳琅满目,应有尽有,但是非遗社团却是少之又少。高校应该鼓励大学生成立与非遗相关的社团组织,把不同省份、不同等级的非遗带进校园,或者与学校重大的校园文化艺术节相结合,使大学生通过社团组织亲身参与到非遗的宣传当中去。

第三,多组织非遗方面的讲座与知识竞赛。地方高校可以聘请非遗传承人到学校对学生进行言传身教,甚至可以将其聘为兼职教授为学生授课,或现场制作顾绣、刺绣等,并将其纳入日常教学活动当中。另外,学校还可以定期举办非遗知识竞赛,对获奖者给予精神和物质奖励。

第四,成立一支专业化教学团队,"非遗"教学需要一支结构合理、素质优良的教学团队。这就需要高校教师与传承人结合,共同参与、同台授课,形成一支理论和实践兼具的"高校教师+传承人"的非遗专业化教学团队。

二、将市场化引入松江非遗保护工作

将市场化引入松江非遗保护工作,可以带动就业,促进松江地区经济发展,实现非遗价值最大化。非遗市场化作为一个完整的产业链来发展有利于非遗保护工作。由于非遗本身的生存环境已经遭受到了冲击,因而,在将市场化引入时应该注意以下几个方面:第一,要注意市场化过程中趋利行为对非遗的影响,预防市场经济一些不良价值观对于非遗的扭曲。市场经济理论研究的基础之一就是人们的趋利性。非遗是我国文化积淀的产物,是古代劳动人民智慧的结晶。在市场化发展过程中,松江区政府要充分发挥主导作用,保证非遗有序、科学传承,这也是非遗市场化的前提条件。第二,注重非遗经济价值的开发,其市场化要注重挖掘经济价值,使市场接受这一产业。第三,充分发掘非遗的旅游价值。非遗与当地的民俗活动紧密相联,是历史文化的"活化石",因而要充分挖掘非遗的旅游价值。第四,非遗艺术价值的发掘。松江地区的非遗不但具有很高的实用价值,也具有相当高的艺术价值,充分挖掘其艺术价值也是促进非遗保护与发展的重要措施。

三、推动松江非遗保护工作的信息化

松江非遗保护工作的信息化既包括档案化管理,又包括数字化保护。就目前研究资料来看,松江目前并没有专业的非遗档案库。建立非遗档案,一方面有利于对非遗进行系统科学的保护与管理,另一方面有利于推动非遗的进一步传承。建立非遗档案不仅包括非遗博物馆式管理,还应该结合时代的要求建立互联网数据库,利用互联网的力量使人们更加形象和系统地了解非遗。

(一)非遗产品的适应性保护路径

利用合作博弈的联盟可以实现松江非遗产品供应商和消费者利益分配的

最大化,这非常有利于资源的优化配置,这种结果在理论上可行,但在现实生活中,并非所有的消费者都能自发地进行联盟式的合作博弈。因为自然形成的市场中,竞争关系很容易形成,而合作关系则相对较难形成和维持稳定。信息不对称、博弈主体的理性程度以及联盟内部的收益分配等都是影响合作联盟形成的重要原因。因此,需要人为地创造一个相对理想的环境和制度,以促成联盟的形成和稳定。

1. 促进信息对称

自然市场因自身缺陷,基本上无法实现信息对称,但是却可以建一个人为设计的市场,通过这个经过"特殊设计"过的市场消除信息不对称,以帮助参与者实现理性决策。另外,联盟方式形成的一个重要原因就是松江非遗产品供应商和消费者之间不信任,即信息交流不通畅导致的信息不对称,因此联盟成员之间的交流和沟通也很重要,应加强松江非遗产品供应商和消费者之间的交流和沟通。

2. 实现联盟收益最大化

一般情况下,市场中的理性经济人都以经济利益最大化为目标。当松江纺织类非遗产品供应商和消费者形成联盟时,联盟总体收益越大,双方将更倾向于联盟的策略,联盟也就越稳定。另外,高水平的合作收益还能够起到防止投机性破坏联盟的作用。假设在当前环境中存在一个比联盟整体收益更大的联盟,较大联盟中成员所分配到的收益将会比其他较小联盟的多,那么由于利益驱动,较小联盟中成员就会向较大联盟移动,这就会导致较小联盟不稳定,直至最终解体。因此,沙普利指出联盟必须实现收益最大化才能稳定。

3. 执行严厉的惩罚措施

就松江非遗产品供应商和消费者来说,选择哪种情况的博弈是有一定概率的,不断的重复性博弈中,长期合作的利益无疑是远大于眼前利益的,但联盟成员未必能看到这一点,这就需要执行严厉的惩罚措施,如大幅降低其不合作的收益。

（二）现阶段非遗保护任务要求下模式的不足之处

目前，松江区非遗保护模式主要是"三位一体"模式，即传承项目＋传承基地＋传承人三者捆绑保护的非遗保护模式。但是这一模式在目前实施中，还处于初级阶段，存在诸多的不足。

1. 关于"保护"与"保存"的关系问题

在国家制定的《中华人民共和国非物质文化遗产法》中，并没有使用"保护"这一词语，这是因为考虑到我国非遗保护工作的重要内容主要包括两个方面，其一是"保存"，即将具有一定历史文化价值的非遗资源进行资料性的保存工作，具体包括调查、整理、建档、储存等等。其二是"保护"，即将非遗资源中一部分历史文化价值较高，在当今社会中仍有一定基础的非遗资源进行传承与发展。在《上海市非物质文化遗产保护条例》中，为了突出非遗保护工作的重点，则专门加上了"保护"一词，借以突出非遗保护工作的重要性。值得指出的是，出现在《上海市非物质文化遗产保护条例》名称以及相关内容中的"保护"一词，是一个宏观的概念，它包含了对非遗的调查、保存、认定、利用、传承、传播等内涵，因此，实际上与《中华人民共和国非物质文化遗产法》中涉及的非遗保护内容是基本一致的。

2. 关于生产性保护及其原真性问题

上海作为一个具有深厚工商业文化传统的大都市，具有大量的老字号与生产性非遗项目，如朵云轩木版水印技艺、老凤祥金银细金制作技艺、鲁庵印泥制作技艺、钱万隆酱油酿造工艺、海派旗袍制作技艺、南翔小笼馒头制作工艺等，它们是上海城市发达的工商业经济的产物，与上海城市门类众多、形态丰富的工商业经济紧密联系。对于这样一些项目，可以借助生产、流通、销售等手段转化为一定的文化产品，并通过扶持、引导、规范等手段对这些项目进行合理的开发利用，使该项目的核心技艺在生产实践中得以传承，这就是所谓的生产性保护。目前，这一保护方式主要是在传统技艺、传统美术和传统医药药物炮制类非遗领域实施。大量生产性非遗项目的存在，体现了上海都市非遗文化的特点,同时也成为上海都市非遗项目的主体内容。因此,在此次颁布的《上海市非物质文化遗产保护条例》中,对于生产性非遗项目的保护有较多的内容表述,如对具有生产性技艺和社会需求,能够借助生产、流通、销售等手段转化为文化产品的传统技艺、传统美术、传统医药药物炮制等非遗代表性项目,市、区两级人民政府及其有关部门应当通过扶持、引导、规范对项目的合理开发利用,实行生产性保护,使该项目的核心技艺在生产实践中得以传承,市、区两级人民政府应当将符合条件的中华老字号和上海老字号企业的传统技艺,优先列入非遗代表性项目名录,加大保护和扶持力度,促进本市工商业文化的传承与发展,等等。

但是,值得提出的是,在提倡对于非遗项目的生产性保护时,要特别注意过分商业化的倾向,防止将非遗产品简单地当成一般的商品,过分追求其商业价值与利润,以致失去了非遗产品本身最为重要的核心文化价值。对此,《上海市非物质文化遗产保护条例》中做了专门的表述:"对非物质文化遗产代表性项目实行生产性保护,应当保持非物质文化遗产的真实性、整体性和传承性,不得擅自改变其传统生产方式、传统工艺流程和核心技艺。"借以防止在对非遗项目进行生产性保护时产生纯粹为商业目的而片面开发的趋向。

3. 关于传承人的退出机制问题

按照非遗法的规定,凡是非遗传承人不能履行传承义务的,应当实行退出机制,也就是说可以取消其非遗传承人的资格。但在《上海市非物质文化遗产保护条例》的具体条款中,实际上并没有对于这一情况完全采取一刀切的方式,而是采取了较为合理的不同情况不同处理的方式。其具体内容是:经评审,非遗代表性项目的代表性传承人或者保护单位,无正当理由未履行义务的,责令限期改正;逾期不改正的,市、区两级文化行政管理部门可以取消其代表性传承人资格或者保护单位资格,并予以重新认定。但是另一方面,对于那些非遗代表性项目的代表性传承人丧失传承能力的,文化行政管理部门可以按照本条例规定的条件和程序,重新或者补充认定该项目的代表性传承人。

这样一方面对于那些不履行保护与传承义务的传承人进行了较为明确的约束，保证了非遗传承单位与传承人资格认定的公平性，另一方面又对于那些因客观原因（主要是年龄偏大等原因）而不能承担传承义务的传承人网开一面，依然可以保留其传承人的资格，同时认定新的传承人。

4. 关于异地化保护问题

非遗项目能否实行异地化保护？也就是说，外地的非遗项目能否被引入到本地来进行保护？这一问题在其他许多省市的非遗保护条例中大多没有提及。但是在上海的非遗保护条例中，却明确地提出了这一问题。因为上海作为一个大都市，接受外来文化的机会颇多，许多外地的非遗项目在进入上海以后，逐渐为上海本地民众所接受，有的还逐渐与上海本地的非遗项目有所融合。例如山西的绛州锣鼓就是如此。该项目原来是山西新绛地区的国家级非遗，后来被引入到上海，并在上海得到了较好的发展。

5. 关于知识产权保护问题

非遗项目的知识产权问题是非遗立法中的一个难点，因为现有的知识产权法主要都是针对私权问题提出的，涉及的领域与保护的对象主要是具有明确的产权归属的个人。但是非遗项目大多是一种集体的，甚至是全民的创造，很难理清真正的产权人身份。也就是说，非遗知识产权保护所涉及的主要是一个公权问题，因此不能完全套用已有的知识产权法来解决。由于目前尚未有专门的关于非遗知识产权法出台，因此在国家非遗法中，主要是采用了借助其他相关法律，如《著作权法》《商标法》等来解决非遗知识产权保护的问题。此次在刚刚出台的《上海市非物质文化遗产保护条例》中，对于非遗知识产权的表述也基本上参照了国家非遗法的表述。其具体表述为：基于非遗所产生的著作权、商标权等知识产权，依法予以保护。虽然这样的表述并没有能够完全解决非遗立法中的知识产权保护诸多问题，但至少也为相关事件的处理找到了一定的法律依据。

第三节　从"生产性保护"出发的非遗产业转化的完善建议

　　生产性保护，是"非遗"保护方式的一种，是指在具有生产性质的实践过程中，以保持非遗的真实性、整体性和传承性为核心，对非遗及其资源转化为物质形态产品的保护。在我国，非遗的生产性保护主要实施在传统技艺、传统美术和传统医药药物炮制类领域。因为传统美术、传统技艺和传统医药药物炮制类非遗项目，都是在生产实践中产生的，文化内涵和技艺价值靠生产工艺环节体现，民众只能主要通过拥有和消费传统技艺的物态化产品或作品才能分享到其保护成果。非遗的生产性保护重点有二：一是保护传统文化，二是促进民间经济。为此，政府鼓励和支持代表性传承人积极恢复生产，实现活态传承；对濒危代表性项目，先采取抢救与扶持措施，整理、保存资料，后逐步引导恢复生产；对有市场潜力但生产力量分散的代表性项目，采取鼓励"传承人+协会""公司+农户"等模式进行规模生产。这就是在此次非遗大展上涌现出诸多"非遗"生产合作社的原因。值得注意的是，在推动非遗生产性保护中，文化主管部门充分尊重文化规律和市场规律，将自身定位在"扶持"上——为代表性传承人组织生产、授徒传艺、展示交流创造条件；鼓励和支持代表性传承人生产有地方特色和民族特色的产品；支持和帮助代表性传承人开展产品宣传；为代表性传承人提供技艺展示、产品销售的渠道和平台；利用"文化遗产日"和传统民俗节庆，开展宣传展示活动等。这就调动了民间参与的主动性和积极性。通过此次活动，人们看到政府扶持政策取得的成果：高龄的代表性"非遗"传承人带出了新徒弟；濒危传统技艺重获生产机缘；非遗产品异彩纷呈，走上了市场并深受中外民众喜爱；优秀的非遗产品恢复了"自我造血"功能……

上海非遗保护中心从2006年成立至今，在非遗项目的申请、保护、传承与转化上已具备了丰富的经验。在政府对非遗文化越来越大的建设性扶持下，地方文化创意产业也越来越繁荣多样。单以松江非遗保护中心为例，目前已有国家级非遗项目3项、市级9项、区级24项。非遗中心协同非遗传承人、非遗专业团队、大专院校的文创团队对多个项目进行传承培训与生产转化探索。经过十多年的砥砺前行，在践行过程中，总结出很多认识和思考。尤其对最具创新转化可能的传统技艺类非遗项目，因其具备较高的典型性和特征价值，我们就以此出发，对非遗的转化过程进行正本清源、务实细化的探讨，以期对未来非遗文化的保护利用提供一些建议。

一、非遗的核心判断与结构特征

2011年，我国的《非遗法》明确指出："非物质文化遗产，是指各族人民世代相传并视其为文化遗产组成部分的各种传统文化表现形式，以及与传统文化表现形式相关的实物与场所。"这个定义包括了文化，以及文化的物化载体，是对文化特征的识别、差异、时效和价值在大类上的判定，但对非遗的遗产型特征并没有清晰的判断。事实上，我国对"非物质文化遗产"(ICH)的定义来源于联合国教科文组织(UNESCO)在《保护非物质文化遗产公约》里的阐述：Intangible Cultural Heritage，逐字解构就是：国家或社会长期形成的无形的历史、传统、文化特征等。(Intangible：触不到的，无法确定的；Cultural：文化的；Heritage：遗产，泛指国家或社会长期形成的历史、传统和特色)它是人们在生产生活过程中逐步形成的相对成熟、稳定的知识系统、表现。这个概念也只是阐述了文化的无形特征、历史价值与判断标准，也一样没有指出作为遗产文化必须具备完成的结论及其最后状态的完整程度。那么，现有的非遗项目是否可以被认定为必须被固化的文化技艺，其知识系统及其表现是否都不能改变？所谓的转化创新是否会因为其部分内容被创新，或其部分表现的形式被改变，就不能称其为非遗项目？那么，在转化过程中，由于生活生产的基础条件所发生的改变，而导致非遗项目的改变应该如何判断？比如：松江叶榭的"张泽羊肉"，由于村镇的发展导致羊肉的来源发生变化，但作为技艺传承的羊肉制作方式并没有改变，那么目前的"张泽羊肉"还能算是非遗项目吗？又因为"张泽羊肉"还包括一定的民俗内容，但新城镇生活方式中的民俗已经发生了一定的改变，又如何来判断这种变化，以及这种变化构成下的"张泽羊肉"？并如何在这样的条件下，探讨"张泽羊肉"传承转化的面貌？因此，我们对于非遗项目的判断是需要考虑时间维度的。

在传承转化过程中，首先被确认保护的必然是非遗的核心。以传统技艺类非遗项目为例，其核心是传统技艺，及其背后的文化体系；其次，作为其载体的产品、生产情景也是被保护的。但一方面在项目成立保护的十多年来，技艺的材料来源、生产情境早已自动地发生了很多层次的变化；另一方面，"生产性保护"的过程中：构成材料、适用人群、加工工艺（或：加工流程、加工条件）、产品标准、形式识别等，为了适应现在生活生产的需要，都或多或少地必须或被动地发生了改变。因此对于从事非遗传承开发的团队，必须要先确定每一个项目的核心构成、其鲜明的个性识别特征和价值内容。在确立项目之初，我们应该有效地梳理、验证和搭建技艺类非遗项目的核心框架；明确识别差异范畴。重点突出它的传承人物识别、产品构成识别、形式识别、加工制作的器具识别，及其传达过程中的表达识别。所有的构成框架都应该注重在地性，如：材料的来源与风土特征、独具地方历史成因加工细化流程和背后的文化内容、地方传统和信仰相关的体验手段，等等；部分技艺类非遗项目还应该充分考虑地方的集体参与特征。

其次，我们才能明确非遗项目传、存、变、化的重点和目标。在非遗生产性转化的过程中，对于每个项目中濒临消失和已经消失的内容，建立传承档案：

对于项目中具识别价值的构成内容,留存并通过生产过程的设计来转化为有效产品;对于项目中的表现形式和产品背后的非遗文化,通过适当的变化和体验设计来观复、再现;对于传统非遗产品往往具备的时间、地域限制,则需要在设计和生产试验中科学设定量化等级。

二、非遗项目的分级与转化系统营造

《非遗法》根据其表现形式将非遗文化归为六大类,并以遗产的方式而被保护。但十多年来,许多现有留存的非遗项目已经发生变化。从非遗生产性转化的角度出发,其中有些项目整体上已从濒临消失变为已经消失,有些项目由于其核心部分缺失造成实际消亡,有些项目由于传承乏力变为即将消失,还有些项目由于缺乏转化需要或缺乏创新导入而面临消失。

因此,在认定、记录、建档的同时,也应该对其不同发展传承阶段建立非遗的战略性规划档案。在明确地方性特征和非遗文化价值的基础上,以生产转化为系统判断依据,依托行业技术标准,定期甄别传承现状,验证其核心与可留存状态,搭建消亡类、濒危类、可转化类(依托协动整合)、待转化类(单行业转化即可)和亟须转化类等分级系统,并可为具体项目的转化策略提供优先和难易程度的支持,也可为未来主管部门建立顶层策略性规划方案、制定传承转化策略提供依据。

非遗项目的转化必须以非遗主管部门为核心,结合当地行业优势,根据非遗文化本身创新、转化的可能和拓展方向,进行系统性地策划与设计,转化为地方文化创意产业的特色项目。其中对于文化的创新设计、研发试验、生产试验、生产性投入到最后的市场推广都需要建立完整的单项转化系统,运用轻资产的模式,设立转化监督的评价标准,在各项权属清晰的基础上,协同整合处理。

项目的分级与转化系统还应该具体明确大致的预期,包括:立项时间和周期、项目操作的地方主体、传承转化的格式(如以商业化标准:中小型作坊、专卖店、体验店；或者是产业委托标准：工厂全自动生产线、商业网络式经销来实现）、标准化指标系统、知识产权、品牌视觉识别系统，等等。

三、非遗项目转化的保护系统营造

《非遗法》所采用的保护制度是有利于防止对非遗的不正当使用与贬损性使用。具体转化实践中，我们可以通过《著作权法》《专利法》《商标法》以及地理标志等相关规定来保护和合理利用非遗，但所有相关的法律都是片段性地从不同的角度来实施保护。特别是针对知识产权方面，在项目转化过程中往往会出现诸如创新制约、保密制约、时效制约和实证制约等问题，并不能系统地对非遗义化和义化的发展价值进行保护。

《非遗法》中对主要管理部门虽然有清晰的查证、登记、保护、传播等权利，但所涉职责也只是运用公权力来保存非遗，不能明晰非遗所有人或管理人的权益。

目前，我国非遗主要还是通过代表性传承人的方式进行传承和传播。《非遗法》中清晰说明了传承人传承传播制度的认定、权利与义务，但对利用转化过程中的职能、所有权限并没有界定。在技艺类非遗文化方面，即使是作为一个门类的项目，往往由于系统庞大、区域构成层次丰富、形式复杂多变，非遗传承人制度所形成的传播传承幅度已过于单薄。一方面，传承谱系本身的实证往往都有些缺乏，常规的传承方式也日渐满足不了创新文化消费模式的需要；另一方面，非遗转化过程所涉及的知识产权、生产推广过程中使用权限的授权方式，等等，也都无法与传承人制度产生合理衔接。

因此，由于公共管理力量的薄弱，更需要在现有传承和传播机制上形成较好的系统营造。

从代表性传承人的保护传播制度到非遗生产性保护模式的转换，不仅包括知识产权的问题，还包括转化推广过程中非遗文化的界定与延伸、生产转化的投入与收益等问题。出于非遗文化的地方性社会形成特征，相关主管部门应该根据项目转化的阶段,合理梳理清楚地方主管部门(或非遗保护中心)、非遗文化传承人、转化推广团队三者的关系,完成知识产权归属、授权、监管的完整框架,针对其中所涉及的投入、收益、监控有清晰界定。

同时,在非遗转化保护系统中还应该导入法律援助板块,拓展系统的知识产权理念,对单项保护运用还可以采用邻接权的方式,打通横向行业法规平台,为其未来的发展可能保驾护航。

四、非遗项目的协动系统营造

在经济发达地区,越来越多的文创团队、NGO组织和社区力量介入非遗文化的转化保护中来。对于日益活跃的非遗文创产业,我们也充分建议非遗保护中心应尽快创建地方性非遗转化系统托管机制,协同构建非营利机构(NPO等组织),专业就非遗知识产权、研发推广制定完整的利用规范,明确转化产业的监管机制;并通过转化过程中不同营造模式,嫁接营利与非营利的通道,建立非遗传承的反哺机制。就可转化的非遗项目,既可以形成同一地方项目间的联合,也可以依托不同地方同类产业的技术支持,反哺地方非遗文化;再逐步通过转化推广,联合旅游型消费、服务型消费等途径,观复非遗技艺、体验使用情境、还原项目背后生活文化的价值观,达到活化地方整体非遗文化的目的。

整体的协动系统根据相邻原则,在非遗的分级实证、转化标准、产权系统、检测系统等方面都需要开放专业团队的进入。因此,公募创发型人才、拓展试验途径、理论高地的建设,都是非遗文化转化的有效保证。

随着创新性消费时代的到来,地方魅力的差异逐渐被强调,我国的非遗传承生态也悄然地发生着变化。我们需要对我国非遗的内涵和外延进行科学的调适,需要对非遗的未来发展制定战略性规划,更好地为未来的非遗传承与发展提供前瞻性的资源保障与支持。

第四节　传承人制度、研发培训和
互助组织的协动思考

一、非遗传承人、保护人和创新传承

非遗不同于物质文化遗产，非遗必须要依附于人或群体的意识和实践才能留存，属于一种"动态"文化。因此，保护非遗的核心就是在于保护"人"，只有保护好了"人"，才能实现技艺传承、知识传承、意识传承、文化传承。

首先，必须积极提升全社会对非遗的文化认同和价值追求，确立起传承人在非遗保护中的首要位置。尤其要切实给予那些非遗濒危项目、稀有项目、弱势项目传承人的社会地位和生活待遇保障，使更多后继者愿意拜师从艺、愿意子承父业，才能摆脱非遗后继无人的尴尬。

其次，政府相关职能部门应投入一定的财力、物力和人力，分项目或分类别成立非遗传承人专业培训队伍，有针对性地结合非遗具体项目技术与内涵培训相关项目的传承人，在培养过程中，应重点和优先考虑一些濒危项目的传承人培训。

再次，非遗的保护和传承离不开广大人民群众。怎样调动广大人民群众的积极性，怎样在广大人民群众中挖掘传承人，除了利用报刊、广播电视、网络等媒体广泛宣传非遗保护以及非遗代表性传承人的权利与义务外，还需鼓励和支持已被认定的代表性传承人开展各种各样的传习活动，积极组织开展各类赛事、展览、培训、交流活动，激发广大人民群众的参与热情，普及非遗保护知识，扩大非遗在社会中的影响力；通过各种方式增进全社会对非遗项目的了解,营造非遗保护的良好社会氛围。

最后,虽然传承人的认定与保护都有国家强大的政策支撑,但非遗传承人中仍普遍存在老龄化严重且年龄跨度大等人才断层现象,一些年老的代表性传承人虽满怀绝技,有心传授,却苦于觅不到合适的弟子。因此,各级政府还必须出台相关政策,激励新人去学习、去参与、去保护、去传承,从而避免非遗传承人断层,确保非遗传承源远流长。

二、非遗教育、人才培养和学术交流

（一）非遗教育

非遗传承教育要积极发挥校外教育,融合多元、创新发展的特色及优势。相对于学校教育,校外教育具有社会资源丰富、育人方式灵活、实践可操作性强等特点。在开展非遗传承教育过程中,要积极发挥校外教育的特点,积极借助和依托优质社会资源,对各个项目加以融合,在创新中实践,在实践中发展,使这些项目更符合学生、学校的需求,进而具备主动参与学校教育的能力。

非遗传承教育要与学校教育紧密结合,从学生和学校的需求出发,实现共同发展。在早期实践中,我们的项目选择标准门槛较低,引进了一些社会影响力大、不符合学生发展需求、不适合学生学习实践的项目,这些项目在引进之后,出现了"水土不服""曲高和寡"的现象,学生渐渐不愿意学习。在实践过程中,我们敏锐地发现了这一问题,积极做出了回应和调整——非遗活动项目设计必须符合学生年龄特点,能够满足学校教育需要。我们及时调整了活动项目内容,并与所有非遗项目教师进一步沟通,指导他们按照学生的年龄特点重新设计和调整活动内容,最大限度满足学生的需求。

非遗传承教育要注重社会主义核心价值观的挖掘,创新育人模式、育人方法、育人内容。在落实非遗传承教育的过程中,我们深入挖掘社会主义核心价值观的内涵,特别是把"爱国、敬业、诚信、友善"作为公民个人层面的价值准则,是我们在日常教育活动中关注的重点。非遗项目的历史传承、技艺传承、文化传承中包含了许多育人点,"以文化人"应该贯穿于教育活动的始终。

非遗传承教育要努力在传统与现代的融合、创新上发挥新的优势。开展非遗传承教育不能抱残守缺、画地为牢,而是要将传统技法与时代发展紧密结合,在敬畏历史、尊重传统的同时,将现代元素、现代理念,特别是学生和学校的需求紧密结合,要紧扣时代发展的脉搏,要遵循学生的身心发展特点和规律,从大处着眼、从小处入手,统筹安排,全面推进。非遗传承教育要在"传承"上做足文章,传承的核心就是与时俱进、融合发展、创新发展。

非遗传承教育的重点,是做好历史文化的传承,而不是简单的技能学习。在组织学生参与非遗学习的过程中,我们不仅注重项目技法的学习和体验,而且注重充分挖掘项目背后的历史文化传承之脉。我们规定,每次体验活动的第一课都要讲授本项目的历史发展沿革、历史传承、文化背景及与项目相关的故事等,非遗项目的魅力不仅仅在于技艺的精湛,更在于项目发展背后一代代传承人的艰辛守护与不懈努力,让学生们了解项目发展中的文化传承。

(二)人才培养

在共享经济、互联网和大数据快速发展的时代背景下,如何进行资源有效整合,如何开展非遗文化的保护、传承、传播和创新,如何开展共享经济下的通道非遗创新人才的培养,已经成为非遗保护亟须解决的问题。

习近平总书记指出"抛弃传统、丢掉根本,就等于割断了自己的精神命脉"。文化传承是我们在西方文化冲击下实现"中国梦"的坚强基石。非遗是我国优秀传统文化的重要载体,需要加以保护、传承和创新。随着现代技术的冲击、共享经济的发展和非遗传承人老龄化趋势的加剧,非遗传承面临着很大的困境,存在着较多的问题。亟须探索共享经济下的通道非遗创新人才培养有效途径,使非遗文化后继有人,得以传承和发展。

1. 建设非遗工作站,搭建非遗公众认知平台

结合地方特色,由政府指导,政府、高等职业院校和非遗企业深度合作,建设传统非遗保护和研发工作站。充分、合理利用各种资源,深度开展非遗文化

保护传承和研究，建立高校师生调研和实践基地，建立地方工艺培训基地，创立品牌推广和展销中心，创立文化创新发展园区，打造特色文化传播窗口。想方设法吸引本地人员回乡就业、创业，增强本地经济发展活力。同时，着重搭建非遗公众认知平台，使公众更加深入、更加全面地了解、认识非遗。如，可以搭建大师工作室，同时建立宣传网站和微信公众号，开通微博。此举一方面能为非遗传承人搭建一个展示技能、展览作品的宣传活动场地，促进大师之间的交流、沟通；另一方面可以让公众充分参与进来，与大师互动，能够更深地体验非遗项目，提高公众对非遗的认知度。另外，要多参加国内外交流会议和培训，加大宣传和推广力度，提高国内、国际影响力。最终实现政府、高校、企业和公众的共赢共荣。

2. 建立多样的非遗人才培养模式，加强人才培养的专业化和职业化

要结合社会发展的需求，建立多样化的非遗人才培养模式。在传统代际传承培养模式的基础上，进一步大力发展高等职业教育培养模式。以高等职业教育学校为培养基地，与企业联合，建立产学研合作人才培养模式，创新教学方式。同时，结合时代发展需求，以市场为导向，为企业储备、培养高素质、高技能的人才。具体可从以下几方面开展：首先，结合高等职业教育院校的专业课程特点和企业人才需求，重点突出实用性和创新性，增加实践培训内容。学校着重培养学生的创新思维和创新意识，企业实践着重培养学生的实践操作和技能提升。其次，采用"两化""三新"的培养模式，即多样化、差异化，创新型校内、校外培养和创新型学习。在教学过程中，让学生体验企业、研究所的生产、工作氛围，感受职业气氛；在短时间内通过校内学习、校外实习，获取最直接、最有效的理论知识和岗位经验，顺利实现从理论到实践、从学校到社会的过渡，发挥校企优势，提高整体科研水平，加强人才培养的专业化和职业化。

3. 建立非遗人才培养的专业师资队伍

师者，传道授业解惑也。没有好的老师进行指导，学生不可能无师自通。

因此，要建立非遗人才培养的专业师资队伍，提高整体教学水平。做好高校师资团队建设，可从以下方面开展：首先，改革高校师资选拔、晋升机制，提高导师应用技能和实践能力在选拔、晋升中的占比，在促进导师科研水平的同时，促进导师向实际应用转型。完善兼职聘用教授制度，破格聘请学历虽低但技能高超的非遗传承人员任教，以增强导师队伍的实战能力。聘请经验丰富的企业技术骨干参与到教学研究和课题研发中来。其次，加强对外合作与交流。很多看似无关的事情，其实被市场化后，内在联系就变得非常紧密。随着社会的发展，学科交叉和跨专业合作越来越频繁。因此，不仅需要教师提升纵向的专业技能，更需要主动学习横向知识，拓宽知识面，做到融会贯通。通过对其他专业知识和运作流程的学习，有助于自身项目的完成。

4. 建立非遗传承保护和人才培养的创新机制

充分利用共享经济下的通道，制定非遗传承保护和人才培养的创新制度，建立良性运行机制。将传统工艺与现代科学技术相结合，做好非遗的保护传承、文化研究、创新研发、宣传推广等工作。借助互联网、大数据，开办非遗技艺的大型开放式网络课程（MOOC），提供网上免费课程，邀请非遗传承大师在线教学，并与线上学生进行互动，让听者真正地融入课程中来，达到异地上课的效果。课程内容设置方面可以包括非遗历史和文化、艺术欣赏、技巧讲授和大师讲坛等模块，以达到吸引更多公众参与、学习非遗技艺的目的。同时整合现有资源，保存现有数据，加强业内人士的交流，实现思想的碰撞；宣传推广非遗文化、普及非遗知识、培养非遗传承人才，提升非遗在大众间的认知度。尝试为创新人员提供良好的开放式的众创空间，顺应大众创业的趋势，营造良好的创新创业环境，激发创造活力，为创业者提供工作、网络、社交和资源共享空间，提供技术指导和支持。同时，地方政府要为非遗创业者提供政策优惠和资金扶持。

5. 构建需求导向性人才培养模式

企业内部人才"孵化池"的构建为针对性强的定向培训提供了基础，外部利益相关人员人才库的构建为企业标准化培训提供了条件。在共享经济模式下，以需求为导向的培训成为可能。一方面，对于企业内部人才培训而言，人才"孵化池"实现了具有某种或某几种潜在胜任力人才的筛选与汇总，在人才"孵化池"之中选择与所完成任务相匹配的专业技能型人才，并将他们集中起来，以完成任务的需求为导向，对这些"潜力股"进行定向培训，强化胜任力，在短时间内提升他们的单兵作战能力和集体协作能力，进而打造一支能力强、素质高的人才队伍。另一方面，对于企业外部利益相关人员培训而言，由于他们需要直接面对市场，其技能水平和服务质量关系到市场竞争力和薪资，因此，自身利益的驱动使得他们主观能动性相对较强。企业需要在"标准化"方面下功夫，作为共享平台，需要向外部利益相关人员提供标准化培训，比如如何提供更优质的服务、提供服务所需要的资源、与消费者打交道的规定流程等等。

（三）学术交流

1. 确立教学主体的重要性，提升师资队伍建设力度

教师综合职业素质是高校教育水平的重要评价指标之一。从非遗文化传承与保护角度来说，以往我国高校普遍缺乏对非遗文化的重视力度，甚至在高校内部并没有设立关于此方面的专业，长此以往，造成了高校内部非遗文化传承与保护人才数量不足。因此，对于我国教育界此种发展现状，从教学的主体来分析，要想实施对非遗文化的有效传承与保护，就必须以加强师资队伍建设为发展的首要任务。

首先，在高校内部对涉及非遗文化相关专业的教师进行培养，对其所掌握的非遗文化相关知识点进行系统的整合，以此为基础，重点构建非遗文化学科，为社会源源不断地输送高素质人才，以解决高校内部非遗文化传承与保护人才数量不足的情况。

其次，非遗文化虽然在本质上属于无形的载体，但是说到底对非遗文化的传承还是根植于人们的记忆中。因此，传承的渠道应考虑到精神层面上的建

设。例如,可以组织相关专业教师开展非遗文化的讲座与培训,或者将民间非遗文化传承人请到高校中做客,现身说法,让教师在实践过程中收获到不同地域内对非遗文化的传承技能。

再次,高校还可以建立非遗文化的实训基地,将不同地域内的非遗文化专业教师汇聚在此,进行对文化遗产保护路径的交流与实践,结合不同的方式将文化遗产保护内容融入教学课程与方法之中。教师通过这些科研活动的开展,在全面提升自身教学水平的同时,还强化了对文化遗产传承与保护的能力。

2. 构建完善的课程结构,为非遗文化开发新型课程体系

此外,高校内部光靠提升非遗文化教师的整体素质与能力是远远不够的,还应大力发展教学平台的建设,进而保障非遗文化教学在高校中顺利进行,为社会培养出大量优秀人才。因此,这一举措的实现路径就是要重点在高校内部构建完善的课程结构,使非遗文化在教学中突出其独立性,以此来开发整体的课程体系。例如,通过学习非遗文化相应的基础理论课程,可以不断地开发多种课程类型,如专业选修课及实践课程等。通过开设多类型的课程,来实现培养非遗文化传承与保护人才的目标,进而推动我国高校对非遗文化传承的工作进程。此外,还可以将不同区域之间的多样性的非遗文化具体特征融入专业课程教学之中,让非遗的独特文化资源丰富传统的高校教学内容。

首先,在具体教学过程中可采用穿插式课程模式,在不改变传统教学目标的基础上,穿插着介绍非遗文化的特色遗产知识,扩宽学生们的视野。其次,还可以采用附加式教学模式,在不改变传统教学结构的基础之上,将非遗文化相关理论知识以附加式的教学形式补充到课程之中。再次,还可以采用渗透式课程模式,充分借助课堂环境的感染力,为非遗文化营造出一个良好的学习氛围,使得非遗文化的相关内容通过多种形式的激励方式融入学校与家庭教育之中,在潜移默化中提升学生对于非遗文化的传承与保护的认识与能力。综上所述,高校作为我国人才培养的重要场所,对于非遗文化的传承与保护方

面应通过教学这一环节有效地进行提升。因此,对高校教育中关于非遗文化的传承路径展开的探究,分别从确立教学主体的重要性,提升师资队伍建设力度以及构建完善的课程结构等方面,为非遗文化开发新型的课程体系等部分进行分析。以此得出,一方面,要让非遗文化与高校课堂教材有机地进行融合,以便于非遗文化自身潜在的教育价值得以释放;另一方面,松江非遗传习基地集中展示了有关古代松江的城市发展、文化成就、市井风情、先贤名士等诸多方面的人文历史,以普及我区非遗知识、传承非遗项目技艺为宗旨,集作品展示、制作演示、互动体验、技艺培训、学术研讨等多项功能为一体的综合立体式的展示窗口。同时也成为我区青少年的爱国主义教育基地、大学生创意实践基地,发挥普及、传播、宣传的功能。并与我区的旅游相结合,融入文化创意和文化产品的开发等功能,多角度、多侧面地展现过去百姓原汁原味、丰富多彩的民俗民情和传统文化魅力,既有可看性,又注重百姓的参与性。以文化传民俗之神,以技艺显民俗之情,成为荟萃松江民俗文化和非遗展示互动的主题文化园。高校还应利用先进的教学设施和手段来大力培养非遗文化保护方面的优秀人才,进而全面推进我国非遗的传承与保护工作进程。

三、社区营造模式下的多途径协动和培养建议

(一)学校传承

1. 顾绣进高校

非物质遗产保护是21世纪以来世界性文化命题。自2011年6月《中华人民共和国非物质文化遗产法》颁布以来,非遗保护已被纳入国家文化政策顶层设计,成为传承弘扬中华优秀文化,大力发展文化产业,建立并完善公共文化服务体系的重要内容。非遗保护也是近年来上海推进国际文化大都市建设的重要内容。

高校的基本职能包含服务社会产业、文化创新与传承,通过跨专业、跨学科融合创新,将高校相关教育资源与非遗文化保护、传承相结合,既可以在师

生中传播传统文化,又可以结合现代技术探索传统文化传承和创新应用的新空间。自2016年以来,松江区文化馆与上海工程技术大学服装学院合作,在校内开设了"非遗顾绣的传承与创新应用"创新实践选修课,以学分制的形式吸引众多大学生的参与,经过三年的课程教学,吸引了近百名学生修读了该课程。该课程在市级非遗传承人的带领下,使学生在了解了顾绣文化价值及影响、传统工艺技法等基础上,熟练掌握了顾绣的基础针法,并结合所学专业知识,实现对传统文化和工艺的传承与创新应用。

与此同时,上海工程技术大学还与松江区文广局、松江区文化馆开展了其他形式多样的非遗活动。2016年6月8日,举办了"非遗顾绣进校园"活动,上海市非遗保护中心常务副主任高春明、松江区副区长龙婉丽出席活动。松江区文广局、松江区教育局、松江区文化馆等单位共同开启了政校合作推动传统文化保护、传承和创新应用的合作,上海工程技术大学与松江区文广局签订了松江区"非遗文化进大学校园"合作协议书,协商从形式、内容、支持等多方面开展各类非遗保护传承活动,为调动大学生了解非遗知识的兴趣,激发其学习民族文化,热爱民族文化,参与保护文化遗产的热情,从而为提升大学生文化自觉和素质教育提供了丰富的内容。

2. 叶榭竹编进张泽学校

2016年4月,叶榭竹编非遗项目进张泽学校课堂,由两位传承人授课,每周一课时,近30名学生参与。2017年,获松江区劳技节中小学劳技教育成果展评活动"小学场"三等奖。

3. 舞龙进叶榭学校

2008年春季组建舞龙队,每学年更新换代,人数保持在60人左右,每周授课一节,所编写的教案在市教育系统公开课评比中获一等奖。

2008年10月18日,应邀参加石湖荡镇运动会开幕式。

2008年11月3日,市人大常委会主任刘云耕观看草龙滚灯表演。

2009年3月19日,草龙滚灯项目定为松江区教育局民族文化培训一类推进项目。

2009年4月3日，参加松江区千名团员宣誓仪式。

2009年5月1日，参加"叶榭镇迎世博倒计时一周年"活动。

2009年10月11日，参加"叶榭镇世博倒计时200天"活动。

2009年10月23日，参加市级拓展课竞赛荣获一等奖。

2010年3月28日，参加"吕巷杯长三角舞龙舞狮大赛"荣获银龙奖。

2010年11月21日，获松江区教育局"第二届中学生社团明星社团"称号。

2010年12月，获2010年上海市少年儿童奇奇运动会风采展示奖。

2011年10月22日，参加松江区中小学生运动会开幕式。

2012年6月23日，获上海市第一届市民运动会"三林杯舞龙舞狮大赛"二等奖。

2012年9月29日，参加上海市第二届学生运动会开幕式表演。

2013年11月9日，参加松江区村级农民运动会泖港镇黄桥村居委会演出展示。

2013年12月29日，获松江区民族文化培训项目一等奖。

2014年6月2日，获上海市第一届学生龙文化全能赛二等奖。

2015年6月20日，获上海市第二届学生龙文化全能赛二等奖。

2016年6月9日，获上海市第三届学生龙文化全能赛二等奖。

2017年5月30日，获上海市第四届学生龙文化全能赛二等奖。

4. 进一步探索的方向

为了更好地开展非遗顾绣项目科研和保护的研究，上海工程技术大学积极开展非遗顾绣项目收集、整理、研究、挖掘工作，与松江区文广局和松江区文化馆合力申请非遗顾绣传承与保护相关课题，推进非遗顾绣传承和保护的创新，参与推进非遗顾绣项目的生产性传承。

结合上海工程技术大学在旗袍研究、传承和创新方面积累的成果，将非遗顾绣和旗袍相结合，设立"非遗顾绣旗袍研究中心"，进一步加大中青年骨干教师与科研人才的培养力度,激发跨专业、跨学科融合创新,提升服务社会产业能力、文化创新与传承等高校基本职能,助推应用型高等人才培养。

中心将致力于非遗顾绣旗袍的文化传承研究,保护非遗,保存民族文化记忆,促进、提高民族文化认同和民族凝聚力;致力于组织、开展推动非遗顾绣旗袍持续传承的各类活动,特别是在国民教育体系中的各类传承活动;结合现代时尚发展,致力于非遗顾绣旗袍的创新、应用、拓展。努力将非遗顾绣旗袍打造成为海派文化的鲜明代表,成为上海在国际上的一张靓丽名片。

结合上海工程技术大学时尚艺术专业硕士教育,邀请顾绣传承人作为特聘教授带教研究生开展深入研究。除了传统的研究视角和手段外,采用现代科技手段提高非遗传承的效率和途径,注重数字化等现代科技手段在非遗保护和传承中的应用,结合服装学院专业特色,开发非遗顾绣的影像、模拟等研究和制作人才,为数字化技术真正内化为非遗自身的存在和发展方式提供技术人才保障。

(二) 非遗传习基地情况

1. 佘山镇戚来发根雕工艺

佘山镇戚来发根雕工艺展示馆坐落于佘山镇社区文化活动中心内(外青松公路8888号)2号楼3楼,馆内陈列作品均是戚来发先生的代表作。其中:大件20余件,小件100余件,陈列的根雕工艺作品都是稀世珍品和根艺研究的成果。展馆既是根雕工艺的展示基地,更是集人文自然、艺术感悟和时代精神的传承基地。展示作品具有一定的观念性、思想性和创造性,是不可多得的民间艺术品。

2. 泗泾镇非遗传习基地的基本情况

泗泾镇非遗传习基地——马家厅(又名马泗滨堂)位于泗泾镇开江中路312号,为松江区文物保护单位,原伏波将军马援后裔马庆吉、马连甲宅。马家厅建筑风格与结构十分奇特,现存走马楼前后左右皆能相通,天井里青石铺地,周边青石台阶,刻有明式花纹图样,后楼为江南地区特有的上下双草架结构，楼上楼下兼作正厅。马家厅完好之时，呈大户官宦之家气派，远近皆知。泗泾镇政府本着修旧如旧的原则，于2011年对其进行了修缮。为了展示这座文物级建筑的文化价值、发挥其文化传承与文化传播的功能，更好地服务于社区公共文化，后又于2014年底设计布置，将其作为泗泾镇非遗传习基地，于2015年初正式免费对公众开放。

整修后的泗泾非遗传习基地马家厅，是集作品展示、制作演示、技艺培训、学术研讨等多项功能为一体的综合非遗文化展示窗口。马家厅建筑面积264平方米，分上下二层，一层着重介绍了泗泾的历史，并设有国家级非遗保护项目——"泗泾十锦细锣鼓"的演出舞台（既可进行演出，亦可进行日常排练）和十锦资料、道具展示。对松江皮影、面塑、剪纸的非遗保护项目详细介绍及实物展示位于二楼，二楼同时设有皮影戏排练及演出场所。作为区级文物保护单位的马泗滨堂又重新焕发出了新的光彩，作为非遗传习基地，马泗滨堂将为传承、保护、发展历史文化遗产发挥其特殊的作用。

泗泾非遗基地自开放以来，泗泾的非遗文化传承人便经常聚集于此，同这座老宅一起焕发了新的活力。基地每天8：30—16：30对外开放，每周6天，每天都会有居民、学生、游客在此驻足参观，全年可接待7 000余人次。每周四下午，都会安排非遗传承人的精彩演出，一楼听十锦古乐，二楼看皮影戏，还能和老艺人们交流学习，在喧闹的生活中寻得一方净土，感受古建筑和非遗文化的魅力。每年的"非遗日"，都会在这里举行盛大的非遗传承活动，邀请市民亲身体验各项非遗项目的魅力。泗泾非遗基地的老艺人们还会通过"非遗大篷车"项目，深入到社区、学校，直接把非遗文化送到居民身边。泗泾非遗基地还承载了文化交流、教学活动、文明修身、青少年校外实践等社会公共文化功能。泗泾镇"南村讲堂"设于此，不定期邀请专家学者开展系列学术交流、客座讲堂等文化活动。泗泾镇还与上海音乐学院合作，将马家厅作为贺绿汀中国音乐高等研究院非遗实践基地，上海音乐学院的教授、学生经常到这边实践、学习，交流研究"泗泾十锦细锣鼓"以及江南丝竹民乐。"皮影戏"与上海视觉艺术学院合作创作了以泗泾本土历史名人李柬为原型的廉政题材皮影动画片《清官李柬》。

马家厅不仅仅是作为文物古建筑承载了历史,作为非遗传习基地,不断挖掘、融合了越来越多的文化元素,在构建泗泾现代公共文化服务体系中也发挥了不可替代的作用。泗泾非遗基地的建成运行对泗泾古镇的人文建设、保护与开发利用,泗泾居民的文化修养、文明素质的提升,发挥了重要作用,具有重大的社会价值。

3. 松江非遗传习基地

松江非遗传习基地于2013年6月正式对外免费开放。非遗传习基地集中展示了有关古代松江的城市发展、文化成就、市井风情、先贤名士等诸多方面的人文历史,有物质的也有非物质的。以普及我区非遗知识、传承非遗项目技艺为宗旨,集作品展示、制作演示、互动体验、技艺培训、学术研讨等多项功能为一体的综合立体式的展示窗口。同时也成为我区青少年的爱国主义教育基地、大学生创意实践基地,发挥普及、传播、宣传的功能。并与我区的旅游相结合,融入文化创意和文化产品的开发等功能,多角度、多侧面地展现过去百姓原汁原味、丰富多彩的民俗民情和传统文化魅力,既有可看性,更注重百姓的参与性。以文化传民俗之神,以技艺显民俗之情,成为荟萃松江民俗文化和非遗展示互动的主题文化园。

传习基地位于上海市松江区中山西路266号,为三进式传统江南民居,是松江区级文物保护单位"杜氏雕花楼",占地面积611平方米,划分为作品展览区、制作演示区、互动体验区、艺术欣赏区等,以静态和动态两种形式相结合,把参观者带进松江民俗文化生活的美妙诗篇中。整个布展设置以整体民居生活场景为主,底楼为"杜氏雕花楼"介绍、松江皮影馆、余天成堂传统医药文化、松江古代戏曲历史、俞粟庐俞振飞父子,后进为松江农耕历史及花篮马灯舞、竹编等,二楼为顾绣发展史,场景为明代韩希孟书房、闺房、绣房和客房等,二楼南面为松江古代蒙童馆和书道、茶道、剪纸实践区。传习基地常年免费开放,每月安排江南丝竹欣赏、皮影戏表演、余天成名医坐堂等传习活动。

4. 新浜非遗展示厅

新浜非遗展示厅从2011年起对外开放。展示内容为市级非遗花篮马灯舞和新浜山歌文字资料介绍(项目简介、历史渊源、价值所在等),图片资料介绍、影像资料介绍、实物陈列等。每天8∶30—16∶30对外开放,每周5天。历年参观人数统计如下:2011年,接待参观人次1 800人次;2012年,接待参观人次2 100人次;2013年,接待参观人次2 050人次;2014年,接待参观人次2 400人次;2015年,接待参观人次2 600人次;2016年,接待参观人次2 000人次;2017年,接待参观人次2 150人次。共15 100人次。

5. 叶榭非遗传习基地

2012年10月,叶榭非遗展示厅在镇社区文化活动中心落户,2013年3月对外开放。展厅使用面积550平方米,以普及非遗知识、传承非遗技艺为旨,以舞草龙、叶榭软糕、江南丝竹、叶榭竹编、滚灯水族舞项目等为宣传重点,是集作品、实物展示、制作演示、技艺培训、互动体验等多项功能的综合立体式展示窗口。2014年上海市民文化节期间,和松江方塔园、松江博物馆等单位一起被列入松江文化寻根活动参观单位。

第五节　"互联网+"时代下特色小镇与文化旅游的非遗构建探讨

一、"互联网+"时代下特色小镇分析

特色小镇的资源主旨是自然景观和人文资源,因此,建设特色小镇不应该做以盈利为目的产业。比如,需警惕房地产过度开发带来的负面影响,应积极保护、扶持以及培育当地的特色产业,实现特色产业的可持续发展,才能带动经济社会的发展,提高当地人民的生活质量。经济因素固然重要,但不是特色小镇发展的长久之计。同时,要将差异化的特色文化深度挖掘、良好利用。

区别于其他类型的特色小镇,旅游特色小镇主要特征是以旅游为主导产业的小镇,需要依托于丰富的旅游资源,充分施展旅游条件对于环境的优势,形成具有风格鲜明、景观独特的小镇。

旅游特色小镇的公共信息服务建设,离不开旅游的"食住行游购娱"六大要素。除此之外,还应对旅游特色小镇中的专项旅游交通体系、游客中心、导游服务、标示系统、游客公共休息设施等进行构建,且旅游服务设施的构建标准要高于一般的城镇建设。

在互联网+知识社会创新2.0推动下的互联网形态演进及其催生的经济社会发展新形态下,大数据、云计算、AI人工智能、物联网等产业,得到了广泛关注。特色小镇同样适用于新兴产业植入,如计划旅游行程及预定各类票务。因此,基于互联网产业的各类旅游门户网站、旅游企业网站、电子商务

平台、论坛、贴吧顺势而生。这些平台或网站提供了及时、全面、权威的旅游信息，使信息资源得以整合，更好地促使资源共享与市场联动的有利局势逐渐形成。

旅游小镇与互联网平台的关系紧密，目的地概况、交通、住宿、美食、娱乐、特产、预定、会务等内容将便于游客查询购买；手机地图、GPS导航满足了自驾游及自由行人群的搜索需求；新媒体平台使得景区的优惠信息更快速、更准确地推送至游客身边，游客也会根据自身感受将评价上传至互联网，方便其他人群查看等。

松江是上海打造具有全球影响力的世界著名旅游城市的重要承载区，有"上海之根、沪上之巅、浦江之首、花园之城、大学之府、科创走廊、制造重镇、旅游胜地"的美誉。近年来，我区紧紧围绕区委、区政府"以G60科创走廊建设、国家新型城镇化建设、旅游产业发展"三大举措，建设以"科创、人文、生态的现代化新松江为总目标"的战略部署，抢抓"国家全域旅游示范区创建"机遇，积极探索实践，聚焦旅游"六大工程建设"创建路径，持续推进旅游业转型升级、提质增效，促进旅游供给侧结构性改革，逐步形成党政统筹、产业融合、山城连景、山水联动、全域共享的松江大旅游发展新局面。

松江的国家全域旅游示范区创建工作大体可分为三个阶段：第一阶段，全面启动，探索创建。2016年9月8日，松江区召开"上海佘山国家旅游度假区建设暨松江全域旅游推进大会"，颁布"两意见一规划一清单"，明确"一核一带四区空间布局"，全面启动创建工作；第二阶段，全面对标，全域创建。2017年11月1日，"上海市全域旅游工作推进大会"在松江广富林文化中心召开，以此为契机，确定"一规划两意见四清单"，全面对标《全域旅游示范区创建工作导则》，深入推进创建工作；第三阶段，全面提升，品质创建，以2018年9月5日"上海市旅游发展大会"召开为标志，贯彻落实上海旅游高品质发展要求，提出"一意见两办法四清单"，全面提升品质创建。

二、文化旅游和文创产业系统的表现分析

（一）党政统筹，全域治理，构建大旅游创建格局

一是高位推动，成立松江区旅游发展领导小组，由区委、区政府主要领导亲自挂帅，每年召开旅游专题工作会议，统筹全域旅游工作；领导小组办公室实体化运作，每季度召开会议，由区分管领导亲自主持，常态化研究重点问题，破解发展难题。二是建立目标责任考核机制，旅游工作纳入政府年度考核体系，制定旅游工作目标责任考核制度，对各委办局和街镇、园区实行目标责任考核，积极发挥绩效考核指挥棒作用。三是建立旅游市场综合监管机制，出台旅游市场综合监管实施方案，各职能部门协调配合，强化旅游投诉处置、旅游联合执法、安全检查和应急演练。四是建立乡村旅游共建机制，成立以浦南四镇为核心的浦南乡村旅游发展共同体和G60科创走廊9城市20镇乡村旅游联盟，共谋乡村振兴。五是建立旅游工作联席会议制度，围绕重大节庆活动、黄金周、民宿试点、专项资金评审等开展专题研究，综合协调。六是健全社会综合治理体系，吸纳各行业社会热心人士组成旅游行风监督员和旅游志愿者队伍，定期开展松江区旅游行风与服务质量义务监督以及志愿服务活动。

（二）规划为先，政策保障，优化全域旅游制度供给

一是强化规划引导，编制《上海佘山国家旅游度假区暨松江全域旅游总体规划》《上海市松江区全域旅游发展总体规划（2017—2020）》《松江区乡村旅游发展总体规划（2016—2040）》，并融入《松江区总规暨土地利用总规（2017—2035）》中，多规合一。完善专项规划体系，制定包括乡村旅游、旅游标准化、旅游营销宣传、水上旅游等10余个专项规划和实施方案。二是强化政策扶持，出台《上海市旅游局关于推进上海佘山国家旅游度假区建设发展的若干意见》《上海佘山国家旅游度假区暨松江全域旅游发展实施意见》《松江区旅游产业专项资金实施办法》和旅游行业贯标创特、旅游公共服务体系、特色民宿等发展意见办法以及文化创意、科技创新等相关产业政策，促进"旅游＋"融合发展。三是强化旅游用地保障，出台《上海市松江区关于加强农村

村民宅基地管理的指导意见（试行）》，鼓励利用农村闲置宅基地开发旅游、康养等功能；对优质乡村旅游项目新浜镇雪浪湖生态园实行"点状供地"；佘山镇通过建新拆旧和土地整理复垦等措施，优化城市开发边界，打造中高端特色民宿产业"横云山居"。

（三）项目引领，产品创新，聚焦旅游"六大工程"建设

1. 聚焦项目建设引领工程。持续推进目的地类、要素类、休闲体验类项目建设。佘山世茂洲际酒店（深坑酒店）、广富林文化遗址建成开业，迅速成为上海文化旅游新地标；"云间吾舍田园综合体"是上海市唯一一个国家田园综合体试点项目；松南郊野公园、广富林郊野公园皆为上海先行试点建设的7座郊野公园之一。据不完全统计，2018至2020年，我区三类旅游项目共计120项，预计投资额达240多亿元。

2. 聚焦文化节庆兴旅工程。坚持"政府主导、部门支持、市场运作、大众参与"的办节思路，持续打造"春季问山、夏季拜水、秋季寻根、冬季祈福"四季节庆品牌，培育形成文化、体育、商业、农业、休闲等四大类54项节庆活动。加大宣传推介力度，与长三角地区、对口支援和友好城市合作开展节庆推介，在美团、驴妈妈、携程等OTA平台建立品牌馆、旗舰店，构建线上线下、多渠道、立体化旅游目的地营销体系。辰山草地音乐节、汇丰高尔夫冠军赛、G60上海佘山国际半程马拉松等旅游节庆活动已在国际国内具有一定知名度。

3. 聚焦公共服务升级工程。一是深入推进旅游厕所革命，区内现有星级厕所84座，A级厕所3座，其中月湖雕塑公园钟乳洞等4座厕所获评"上海最美厕所"。二是布局"一中心＋多点"咨询服务体系，建成1个旅游综合服务中心（佘山旅游综合服务中心）、3个旅游咨询中心（行政服务中心、泰晤士小镇、上海欢乐谷）、11个旅游咨询点和2个旅游资料取阅点。三是推进智慧旅游建设，在全市各区率先启动旅游信息化平台建设，推进旅游智慧化环境建设、旅游数据中心框架和智慧旅游应用平台搭建。推进旅游触摸屏重点区域覆盖，安装旅游触摸屏80台。四是加速推进旅游交通建设，促进四网融合，开设松

江19路、98路等公交专线,串联松江新城、佘山地区重点商圈、旅游景区;开设松江菊花节等旅游观光公交短驳线;松江有轨电车"蚕宝宝"T2线正式运营,成为一道亮丽的旅游风景线。五是推进旅游标识体系和旅游停车场建设,更新完善18个景区(点)、96块道路交通、30块停车场引导标志,在国际生态商务区、佘山国家旅游度假区引入交通诱导系统。

4. 聚焦贯标创特提升工程。以入选全国第四批旅游标准化试点单位为契机,全面推进16个行业、54家旅游及相关企业标准化创建,塑造优质旅游服务品牌。我区参与红色旅游、健康旅游、会议服务规范等三项上海旅游标准制定;全区现有国家4A级景区6家,3A级景区2家,阡陌云间、五库农业观光园获评中国乡村旅游创客基地;拥有洲际、万豪、雅高、希尔顿、凯悦、温德姆等全球十大酒店管理集团旗下十余家品牌酒店,国家五星级饭店3家,四星级饭店2家,三星级饭店2家,金叶级绿色饭店3家,银叶级绿色饭店9家;上海4A级旅行社3家,3A级旅行社11家,出境社6家。

5. 聚焦旅游人才强旅工程。建设旅游经营管理人才、旅游行风监督员、旅游志愿者、旅游智库专家等4支旅游队伍,为松江旅游发展提供人才支撑。建立由产业研究、规划管理、园林设计、旅游营销等领域6位专家组成的松江旅游智库,积极参与松江旅游规划评审、发展指导等咨询工作;三年来,区内旅游企业引入本科以上学历专业人才100余名,其中硕士以上6名;每年开展交流挂职20余人次;每年组织开展旅游法律法规、业务技能、文明礼仪等专题培训以及旅游行业技能大赛20余场。

6. 聚焦旅游产业融合工程。持续打造"五谷丰登"全域旅游产品体系。发挥上海之根深厚历史文化底蕴的优势,打造文化旅游"人文谷";依托G60科创走廊"松江创造"特色,打造工业旅游"科创谷";突出"浦江首胜、泖田花海"的乡村资源特质,打造乡村旅游"泖田谷";依托松江丰富的酒店、展馆等会务接待设施及旅游资源,打造会议旅游"会务谷";发挥佘山国家旅游度假区休闲娱乐项目和特色酒店集聚优势,打造主题旅游"欢乐谷"。

（四）共建共享，广泛发动，营造人人参与创建氛围

一是发挥旅游行业协会桥梁纽带作用，积极承接技能大赛、培训班、知识竞赛等各类旅游行业服务保障项目；推动社会资源打造松江旅游纪念品中心，举办旅游纪念品创意设计大赛；鼓励松江全域旅游宣传分享，连续开展松江旅游宣传十大经典案例评选。二是强化惠民利民措施，连续多年开展松江旅游进社区、进学校、进企业"三进"主题活动；鼓励欢乐谷等企业推出松江居民、友好城市市民门票优惠活动；鼓励旅游景区发行年卡，推动旅游融入社区。三是发挥旅游扶贫富民效应，与西双版纳、庄河等地区开展对口帮扶和合作交流，促进产品互推、客源互送，拉动旅游消费；泖港镇通过"公司+专业合作社+农户"有效联动，打响特色乡村旅游品牌，增加农民收入。四是推动长三角旅游一体化合作联动。立足乡村振兴和长三角更高质量一体化发展，发掘G60科创走廊九城市20镇乡村共有资源，探讨建立乡村旅游的共建机制，实现高品质乡村旅游的共享发展。以此为基础，九城市于今年"5·19中国旅游日"联合开展"玩转G60畅游长三角"主题活动，持续深化长三角一体化旅游合作。五是推进文明旅游宣传。以创建全国文明城区为契机，深入开展文明旅游践行活动、旅游行业服务规范与文明礼仪专题培训等，全面营造"文明与旅游同行"的良好氛围。如经国家级主流媒体宣传报道的《辰山草地音乐节6 000人参加散场后不留一片纸屑》一文，使松江成为文明旅游的典型。

三、新语境下不同类型的非遗开发利用模式分析

（一）民间文学类非遗旅游开发模式分析

民间文学是指产生并流传于民间社会，足以反映民间社会情感和审美情趣的文学作品。其又可分为散文体和韵文体两大部分：散文体文学包括神话、传说、故事、寓言等；韵文体文献包括史诗、叙事诗、歌谣、谚语等。历史上，民间文学类非遗很少作为商品进入流通领域进行商业化经营乃至实行产业化开发。因此，将民间文学类非遗直接转化为旅游产品是具有一定难度的，但也

不是不可能。

1. 通过编辑、出版的方式将民间文学转化为旅游商品,从而实现民间文学本身的商业化经营。如在旅游开发过程中,我们可以将目的地的民间传说、神话故事等编辑成民间故事集、神话集、史诗集、歌谣集等集结出版,以民间书籍的旅游商品形式进行售卖;将民歌、民谣、叙事诗等转制成VCD、DVD商品形式出版和售卖。

2. 与表演艺术类非遗结合,通过改编,使民间文学以一种更符合旅游者口味的形式展现出来,实现其旅游产品的转化。事实上,很多表演艺术类非遗的核心内容均来自民间文学,表演艺术类非遗最容易开发为旅游产品。因此,我们可以将民间文学内容通过表演艺术的方式予以展现。具体来说,可以通过以下几种方式:其一,改编成影视剧。通过将民间文学改编成影视剧,并将其搬上银幕,一方面,拍摄该剧的基地将会进一步转化为一个吸引旅游者的旅游景区;另一方面,影视剧本身也是吸引旅游者观看的一项重要旅游资源。如云南路南石林景区通过将其民间传说《阿诗玛》搬上银幕后,不但该景区因此一炮而红,这部电影也成为很多旅游者在旅游过程中必看的一项旅游活动。杭州西湖千古流传的“白蛇传说”以及动人心弦的“梁祝”故事,都是将民间文学类遗产很好地融入旅游开发的典范。其二,改编成歌舞剧。歌舞剧是现代旅游活动过程中一项非常重要的表演活动形式,很多旅游目的地都将其反映本地的民间故事、神话等通过歌舞剧的形式进行展示,这也形成了非遗开发的一项重要模式——舞台化模式,并在业界受到了热烈的追捧。其三,改编成故事,形成茶馆文化。很多茶馆文化的说唱艺人,其内容的来源均与本地民间文学类非遗有重要的渊源。文学茶馆不仅成为很多旅游目的地的一个重要活动点,近年来,甚至被搬上电视荧屏,如中央电视台的“百家讲坛”、四川电视台“摆龙门阵”等专栏节目。将民间文学融入旅游景区的开发规划中,通过景观的设计、景点的文化包装,将反映该景区民间文学的内涵融入景区的开发中,提升景区的文化品位和档次。民间文学类非遗是旅游景区进行规划和开发过程中的重要文化包装元素,规划师们往往将反映当地经典的民间文学故事内容,通过景观设计和景点文化包装融入其中,从而增加景区、景点的文化内涵,凸显其神秘性。例如,陕西省城固县南沙湖风景区开发过程中,就很好地将当地传说的地母文化融入景观和景点打造中,根据《地母传》叙述内容,打造了诸如"梅花岭""杏花村""桂花城"等景点,据此还包装了"天皇岛""地皇岛""人皇岛"等名称,取得了一定的成功。

(二)表演艺术类非遗旅游开发分析

表演艺术类非遗是指人们在历史上创造并以活态形式原汁原味传承至今的,通过唱腔、动作、台词等艺术表现形式来表现演唱者内心世界的传统表演艺术形式,包括民间说唱、传统戏剧、传统舞蹈、传统音乐以及体育竞技等内容。

在非遗的分类体系中,除了传统手工艺以外,表演艺术是最容易走入市场与旅游开发接轨的。许多民间小戏、杂技、曲艺等通过搭建草台班子的形式,从其产生之初就留下了浓厚的商业气息。对于表演艺术类的非遗,通过商业演出的模式与旅游活动进行结合,是其进行旅游开发的重要方式,我们应当持积极肯定的态度。因为只有通过商演,才能确保这些表演艺术类非遗不失去其原有生态,使其活态传承。正如文化部艺术司司长董伟所说:"京剧不是博物馆艺术,要讲究活态传承,只有在不断的演出中,这个剧种才更有生命力。"

1. 表演艺术类非遗旅游产品转型模式

表演艺术类非遗的商业开发,舞台剧是其根本模式。表演艺术类非遗进行旅游开发,无外乎就是将表演舞台与旅游进行结合。其结合形式有以下三种情况。

(1)空间上的结合,即将表演艺术的舞台放到景区中去,近年来颇为流行的"实景舞台剧"就是表演类非遗进行旅游产品转型的重要载体形式。"实景舞台剧"是以天然的或真实的实景作为表演舞台或者舞台背景,舞台剧所展示的内容往往囊括了目的地景区大多数非遗项目,通过音乐、舞蹈、服饰、舞台灯饰等将目的地民俗文化、历史文化、民间传说等非遗进行全方位展示。"实景舞台剧"由于其场景宏大、效果震撼人心,内容上又以通过抓住游客求新、求异心理为目的,进行全方位展示,往往深得旅游者的青睐。如大型山水实景剧《印象·刘三姐》取得的成功,不仅极大提升了桂林、阳朔的整体旅游竞争力,也将壮族传统民俗、山歌文化、传统音乐及舞蹈进行了有效的推广和传承。

（2）在时间上的结合,即将舞台剧的表演时间与旅游活动的开展时间进行有效对接,旅游活动过程中的各种歌舞表演、杂技表演等民间表演活动,就是为了迎合旅游开发需求和旅游者对异域文化需要而进行的时间上的移植。这种方式是表演艺术类非遗进行旅游开发的一种重要形式。许多民族地区将其本民族庆丰收、祭鬼神的民族歌舞与旅游活动进行结合,用于迎接游客、与游客联欢；有些旅游区也将一些特色的杂技表演活动搬到旅游景区,吸引游客驻留、增加游客停留的时间。一方面,使得本民族的民族歌舞类非遗得到了有效传承和发扬,另一方面,也极大地丰富了旅游目的地旅游活动项目的内涵,提高了旅游目的地的收益。

（3）在服务对象上的结合,即这些表演艺术的演出舞台专门针对游客开放,表演艺术的场馆成为游客旅游景点之一。如我国著名的东北地方戏"二人转",在诸如影视小品大腕赵本山的影响下,不仅在市场经济中获得了新生,也在旅游业中引起了不小的冲击,现在到东北旅游,听一场二人转成为大多数游客的选择。在国外,意大利西西里岛的傀儡戏原本已步入消亡的境地,在成功申报人类口头及非遗代表作后,在市场经济的推动下,特别是在西西里岛旅游业的带动下,傀儡戏重新焕发出生机。各个布景精美的剧场,以及内容丰富而搞笑的木偶戏不仅吸引了大批游客,同时还培养了一大批训练有素的表演艺人。此外,在一些著名歌舞剧的影响下,这些表演艺术场馆还成为了游客必游的景点,如法国加尼叶歌剧院、红磨坊,澳大利亚悉尼歌剧院,等等。

2. 表演艺术类非遗旅游开发过程中原真性问题

表演艺术类非遗在旅游开发过程中,受到最大质疑和诟病的,是关于其舞台化过程中的原真性问题。大部分专家撰文指出,文化的商品化和舞台化是造成非物质文化旅游开发过程中失去原真性的根本原因。依此逻辑,大多数专家对文化的商品化持否定态度,进而否定非遗的旅游开发之路。本文认为,文化的商品化在全球经济一体化趋势下是不可逆转的,文化的商品化不是造成非遗失真表达的根本原因。相反,恰恰是以一种独特的方式挽救和保护了某些濒临消亡的文化。在文化商品化的带动下,非遗真实性的内涵和外延还得到了不断的拓展和延伸。

近年来,许多民族地区将本民族自娱自乐型的表演艺术(原本在民俗节日才进行的表演活动),如侗歌苗舞,放在旅游景区中,形成"有客必歌,有人必舞"的固定演出活动形式。这种如马戏团巡演式的商业演出,的确容易造成对这类非遗原真性的伤害,严重影响到对该遗产价值的解读。同时,表演者为了取悦于游客,往往根据游客的需求对某些固定的传统表演艺术内容进行了艺术加工——增加了艺术性,失掉了乡土性,原本自然、朴素、充满生气和活力的文化变得虚假和肤浅,深层次文化内涵遭到了舞台的过滤。对于一些宗教祭祀性的舞蹈往往因为时间和空间的位移,丧失了其神圣性。因此,我们需要对该种非遗开发模式提高警惕。

对于表演类非遗旅游开发失去原真性的问题,需要我们把握的就是一个"度"的问题,也即是对表演类非遗的旅游开发不能超出可信度范围。一个基本要求,是在旅游开发过程中,对表演类非遗的商品化和舞台化,必须在原真性的基础上进行艺术加工,而不是"杜撰"出来的"伪文化"和"伪传统"。同时,我们应该正确看待文化真实性的发展,文化的真实性不是凝固的,是可以不断被创新的,并随着时代的变化而变迁的。因此,对于在旅游开发过程中,在原有传统文化基础上进行的内涵的变迁,不应该被看作是其文化原真性的失真。最后,我们应该正确理解旅游活动过程中所体验文化的真实性问题,对于来去匆匆的旅游者而言,要想体验原真性的文化,事实上是有一定难度的,这也不利于旅游活动的开展。因此,通过舞台化的文化表演,只能选取简单的、具有特色的文化来予以展示。纯粹的本土文化未必能让大多数旅游者所接受,对原汁原味的传统文化的追求,于旅游者而言,只能是一种理想中的场景。因为真实的文化,只有生活在当地"日常生活中的人"才能有原真性文化感受。

（三）工艺美术类非遗旅游开发模式分析

工艺美术类非遗,是指在历史上创造并以活态形式传承至今,具有一定技术含量与美学特征的传统工艺与技能,包括传统绘画、镂刻、编织、刺绣挑花、印染、彩扎、雕刻、陶瓷制作、金属制作、造纸、文物修复等工艺。对工艺美术类非遗旅游商品化过程,是该类非遗保护与传承的必经之路。事实上,历史上工艺美术类非遗就有走市场的传统。对工艺美术类非遗进行"有形化"和"物质化"的保护模式,是有效传承的根本途径。在工艺美术类非遗"有形化"和"物质化"的保护过程中,常采用以下三种模式与旅游市场进行有效结合。

1. 博物馆模式。可以说,一座博物馆就是一部物化的发展史。作为收集、典藏、陈列和研究人类文化遗产实物的场所,人们通过其陈列的文物与历史对话,可以穿越时空来俯瞰历史。博物馆式开发模式,即是对工艺美术类非遗"有形化"和"物质化"的物品进行集中收集和展示。旅游者可以通过博物馆陈列的"有形化"的物品来了解这项非遗,通过导游人员讲解、图文说明以及视频录像资料等深入理解。博物馆式的开发模式能满足观光游客的需要,是一种大众观光旅游开发模式。现代旅游开发过程中,几乎每个景点和景区都建有代表本地文化特别是技艺类非遗的博物馆,如木版画博物馆、剪纸艺术博物馆、年画博物馆、木雕艺术博物馆,等等,这些博物馆也成为旅游活动线路中的必游景点之一。博物馆式开发模式是技艺类非遗与旅游结合的重要途径。但是我们应该知道,仅靠保留工艺美术品或实物来保留这些传统的非物技艺是远远不够的。如果这项技艺失传,那么博物馆内保留的仅仅是遗物或实物遗产而已,制作这个遗产的非物技艺,我们是没办法采取这种静态的保护方式永远将其传承的。

2. 旅游商品开发模式。工艺美术类非遗旅游商品开发模式,就是将非遗"有形化"和"物质化"的物品转化为旅游商品进行销售的方式。这相对于博物馆式的开发模式而言,更能够让工艺美术类非物遗产进入市场,通过市场认可这个商品的价值,从而认可这项非物技艺的价值,更有利于该项非遗的保护和传承。在机械化大生产的冲击下,一些传统的工艺美术非遗遭受到了严重的冲击,但民间传统工艺品古朴、稚拙的原始美,正好满足了旅游者们回归自然、求新、求异的需求。随着人们审美能力的提高以及文化旅游市场的繁荣,人们对民俗藏品追求的兴趣也越来越浓,特色旅游商品市场的火爆,使得民间工艺品越来越受到人们的青睐。一些代表本地特色和非物技艺的民间剪纸、木版画、泥塑、石雕、刺绣、编织品成为旅游者在旅游购物过程中的新宠。

3. 体验式展销模式。在旅游商品开发模式中,旅游者获得的仅仅是工艺美术类非遗作品,而对这项技艺的认识并不深刻。为了满足游客求知和体验的心理需求,很多技艺类非遗在旅游商品化过程中,将制作现场搬到了商品销售地,旅游者可以在师傅的指导下体验某些民间技艺转化为实物的过程,不仅极大地提高了旅游者的兴趣和参与性,也使得这类非物技艺得到了更为广泛的传承。如我国传统的造纸技艺非遗,陕西洋县在蔡伦博物馆的开发过程中,就打造了一个传统造纸术制作技艺的场馆,游客可以亲自进行原料加工,制作出草纸并可以买走,从而引发了游客的广泛兴趣。

(四)生产生活知识与技能类非遗旅游开发分析

生产生活知识与技能类非遗,是指人类在漫长的生产和生活实践中逐渐积累下的,具有一定技术含量、独具地方特色的传统生产与生活知识技能。前者包括传统农业生产知识与技能、渔猎生产知识与技能、牧业生产知识与技能,等等;后者是指与人类衣食住行等日常生活相关的知识与经验,还包括为维持人类的更好生存形成的传统医药、民间偏方等生活技能。

1. 生产知识与技能类非遗的旅游开发，在联合国教科文组织颁布的《人类口头及非物质文化遗产保护名录》中所涉及生产知识并不多。从我国已颁布的三批国家级非遗来看，几乎也没涉及生产知识与技艺类非遗，一些与生产知识相关的手工技艺也是纳入了传统手工技艺进行单独归类。但这并不意味着生产知识与技能不能成为非遗。事实上，2005年联合国粮农组织评选出了5个全球重要农业文化遗产试点项目，所强调的是农业生产知识与经验，完全可以入选《人类口头及非物质文化遗产保护名录》。传统的生产知识与技能类遗产虽然直接开发为旅游产品有些难度，但将其生产知识与技能所属系统进行旅游开发是完全有可能的。传统农业灌溉技术，如新疆坎儿井、都江堰水利工程等完全可以作为独立的非遗景区来开发；云南元阳哈尼族梯田作为一个景区受到了旅游者的青睐，在面对如山如海、神奇壮观的万亩梯田时，我们更应该慨叹哈尼族人梯田种植技艺以及沟水分渠引入田中的灌溉技艺。一些特色的生产知识与技能，还可以结合旅游活动项目进行开展。浙江青田县的稻田养鱼，就可以在乡村旅游的背景下开展休闲、品茗及垂钓等旅游活动；鄂伦春族的狩猎技术也可以与现代旅游活动过程中的狩猎活动进行结合。另外，独具特色的生产工具制作技艺类非遗，我们也可以采取博物馆式的旅游开发模式。在近年来乡村旅游开发过程中，农耕文化博物馆成为很多乡村旅游景区一个热点，吸引了大批城市儿童和游客停留。农耕文化博物馆内就可以展出与传统农业耕种的相关生产工具，如风车、水车、水磨，等等。在西藏一家藏乡民族博物馆内展出的不同类型放牧铃铛，就体现了我国藏民族独特的放牧技艺。

2. 生活知识与技能类非遗旅游开发，2010年第三批国家级非遗名录中，较多地出现了生活知识与技能类非遗。如中式服装制作技艺、仿膳（清廷御膳）制作技艺、北京四合院传统营造技艺等。生活知识与技能类非遗，由于是指与人类衣食住行等日常生活息息相关的知识与经验，因此是最容易和旅游活动过程中的"食住行游购娱"等要素相结合，开发出对应的旅游产品。

（1）传统服饰制作知识与技能。服饰是人类最早对自然进行利用和改造的成功尝试。服饰不仅具有保暖使用功能,还是一个地方和民族文化的重要载体。其实,传统服饰的制作知识与技能和其他传统手工艺一样,可以采取旅游商品开发模式以及博物馆开发模式。许多民族地区的民族服装成为旅游者购物的选择,就是将传统服饰制作技艺成果进行了旅游商品的转化。

（2）传统饮食制作知识与技能是人类遗产的重要组成部分。其包括原材料选择方面的知识、原料加工方面的知识以及保存方面的知识。传统饮食制作知识与技能和旅游的结合,除了用制作出的地方特色美味佳肴来吸引游客外,也可以开发出旅游商品进行售卖。如四川郫县豆瓣、浙江金华火腿、全聚德烤鸭、天福号酱肘子,等等。

（3）传统建筑建造的知识与技能。包括建筑选址方面的知识、布局方面的知识以及建筑施工及装饰方面的知识。许多景区特色民居的打造,就是将此类非遗融入旅游开发中的最好例证,如蒙古包、海南黎族船型屋、土家族的吊脚楼等,都成为许多景区旅游住宿设施的文化标志。此外,传统建筑建造方面的知识,也可以较好地融入旅游规划与设计中,如传统"风水术"选址知识、"景观中轴线"建筑布局艺术、院落式的建筑规划知识等。

（4）传统交通工具制造知识与技能和旅游开发过程中的"行"的要素相对应。对于非遗保护而言,主要是要传承传统交通工具的制作技术,而对于旅游开发而言,是将这些技艺的产物用于旅游者的移动过程中。如甘肃的羊皮筏、牛皮筏制作技术,与旅游开发相结合产生的羊皮筏漂流就受到游客的青睐;此外,一些少数民族地区特色的交通工具,如狗拉雪橇、爬犁、滑雪板、桦皮船,也是旅游者在旅游过程中乐于尝试的活动项目。

（5）传统医药知识与技能也是与人们日常生活最为相关的非遗。如苗医苗药、藏医藏药、中医中药等传统医药知识。这种传统医药知识也能较好地融入旅游开发过程中,特别是结合温泉休闲度假产品的打造,传统医药在很多景区得到了有效开发。在很多地方打造中医度假村、养生会所等将传统医药知识融入了旅游开发中,如中药洗浴、针灸、按摩推拿、中药健身、美容等,都深得度假疗养型旅游者的喜爱。

(五)仪式及节日类非遗旅游开发

仪式及节日类非遗,在我国国家级非遗名录中一同纳入为民俗类非遗。传统节日类遗产是一个民族或一个地区最重要的节庆活动,而传统仪式类遗产则是某个个体或某一群体在历史发展过程中形成的重要的、值得纪念的特殊传统行为活动。仪式类遗产包括各种祭祀仪式和个人生活仪礼,各种节日中往往包括了一些传统的仪式。在《旅游资源分类表》中,仪式和节日类遗产都纳入"人文活动"大类、"民间习俗"亚类中某个旅游基本类型,也即是说,无论是仪式类遗产还是节日类非遗,本身可以独立成为一个地区重要的旅游资源,完全可以进行适当的旅游开发。仪式和节日类非遗具有丰富的文化内涵,大到一个国家、民族和地区,小到一个家族和村落,仪式及节日类遗产都承载了本民族、本地域的传统文化,是展示其文化的重要窗口,因此,在展示本土文化的过程中,人们很容易想到仪式和节日,并把它作为一种独特的旅游资源开发出来。

1. 仪式类非遗的旅游开发

通过传统仪式来实现仪式的商业化经营是有相当难度的。原因在于仪式的功能并不在于赢利,而在于教化。如果将仪式的举办融入浓厚的商业色彩,不仅仪式的神圣性(某些宗教类仪式)受到侵犯,其教化的作用也会大打折扣。少林寺近年来的一些商业活动行为,之所以遭人诟病,原因即在于在利益驱动下,寺庙已经远离了它存在的初衷。还有些地方将个人的一些生活仪礼也直接开发为旅游活动产品,也饱受人们的争议。如云南泸沽湖的走婚风俗,被庸俗地开发为一种旅游活动,吸引旅游者的参加,实际上也是对这种传统仪式的极大不尊重。对于仪式类非遗与旅游开发结合,一个重要的原则就是在仪式的举办与旅游经济活动结合过程中,我们不能妄自改变这些仪式的举办时间和空间,内容上必须保持其原汁原味。也即是将这些仪式活动作为一个平台或者吸引点（不通过这个平台本身谋取经济利益），来发展各种商业活动和旅游经济活动。或者从长远的角度来看，通过仪式来扩大地方影响，从而寻求各种商机。如开发与仪式相关的香火产业、发展地方土特产业、依托于仪式发展旅游业等。

2. 节日类遗产的旅游开发分析

节日类非物质文化遗产的旅游开发往往是一种政府行为。在对节日类非物质文化遗产旅游的开发过程中往往只注重节日形式，而缺乏对节日深层次文化内涵的挖掘，这也是造成各地举办所谓的"民间文化艺术节"只见锣响不见钱来的根本原因。因此对节日类非物质文化遗产的旅游开发，我们必须采取综合开发模式，要注意挖掘节日的深度和广度。在深度上，我们要对传统节日的所有文化内涵如节日服饰、地方饮食、节日饰品以及节日娱乐活动等方面进行全方位的挖掘，尽可能地转化为游客购买的旅游商品；在广度上，我们不要局限于对某一两个民俗节日的开发，可以对多个传统节日都进行深入开发，做到民俗旅游"天天有活动、日日有看头"。另外，对于节日类非物质文化遗产的旅游开发活动，还要有"文化搭台、经贸唱戏"的开发思路，即通过节日期间各种文化活动的举办，来吸引投资和消费，通过节日的举办来扩大地区影响力，从而综合拉动地方经济发展。自贡灯会就很好地贯彻了这一理念，每年通过灯会的举办，不但极大地提高了自贡的知名度，而且还获得了更多的商业投资。

（六）文化空间类遗产旅游开发模式分析

"文化空间"并不是指非物质文化遗产的某个基本类型，而是特指那些非物遗产异常丰富，各个非物遗产不能人为割裂、单个保护，或者某类非物质文化遗产与当地的物质文化遗产或自然遗产的关系极为密切，需要实施整体保护的特定区域，我们可圈定为"文化空间"。文化空间概念的提出体现了联合国教科文组织对特定区域的所有非物遗产实施整体保护的思路，具有空间性和时间性的特征。

文化空间类遗产由于其具有空间的规定性,因此具有浓烈的地域特色和强烈的整体性特征,其进行旅游项目的开发也具有地域的规定性和整体性的特征。同时,由于文化空间类遗产往往集各种非物质文化遗产、物质文化遗产以及自然遗产于一身,所以更具有旅游开发价值。文化空间类遗产往往作为一个独立旅游吸引物来打造,其主要采用的模式有以下三种。

1. 生态博物馆

生态博物馆是相对于传统博物馆而言。20世纪70年代,联合国教科文组织在"人与生物圈"计划的推动下,提出了"生态博物馆"全新的遗产保护理念。即将文化遗产、自然景观、传统建筑以及非物质文化遗产保存较好的区域一同圈定为生态博物馆,实施就地保护。与传统博物馆将活态文化变为僵死遗产的做法不同的是,生态博物馆强调系统的、活态的、就地的、原生态的整体保护。如我国贵州的六枝梭嘎生态博物馆、黎平堂安生态博物馆等,这些生态博物馆以民族非物质文化遗产为核心,包括某些物质文化遗产,如特色的苗居建筑,以及某些自然景观(这种自然景观往往因为某种信仰,如神山、神林、风水等,而被保存下来),成为民俗旅游的热点景区。

2. 民俗村

民俗村是文化空间类遗产旅游开发最普遍的一种模式。20世纪在深圳华侨城建设的中华民族文化风情园、深圳民俗风情村等文化主题公园获得了巨大成功。在其推动下,许多少数民族地区纷纷掀起一股建设民俗村的热潮。其特点是将一个或多个民族传统文化,按其原有的生活形态,放置在一个传统的或者是按照传统样式新建的文化空间之中,并以活态的方式表现出来。

民俗村的开发模式,在我国旅游业的开发之初,由于其囊括的非物质文化遗产的内容和物质文化内容都较为丰富,因此对于刚刚走出家门的旅游者而言,具有较大的吸引力,也获得了一定的成功。然而,民俗村的开发模式由于遗产内容的规定性,因此其旅游活动项目很难进行有效更新,从旅游开发的角度而言,缺乏持久的旅游吸引力。另外,民俗村开发模式,无论是对非物遗产的内涵,还是物质遗产的内容都进行了空间和时间上的位移,极大地丧失了其文化的原真性,对于深度体验的旅游者而言,民俗村的模式在他们眼中,始终留有"伪民俗"的印象,使旅游发展举步维艰。

3. 文化生态保护区

我国在"十一五"时期,提出建设国家级民族民间文化生态保护区,与联合国教科文组织"生态博物馆"模式基本类似。至今,我国已建立了十个国家级文化生态保护试验区。

文化生态保护区的建立,对某个区域而言是划定了文化生态旅游的区域。因为作为文化生态区而言,区内不仅有丰富的物质文化遗产,如历史文化名城、名镇、名村、传统建筑、历史街区等,还有优美的自然景观,同时还可以通过保护手段将各种非物文化遗产连同风俗习惯进行有意识的恢复,这些都是吸引旅游者的重要旅游资源,因此国家级文化生态区的确定,从旅游的角度而言是给该区域戴上了国家级的桂冠,更有利于其旅游业的发展。

四、保护文化生态环境、建设文化生态保护系统

自国家全域旅游示范区创建以来,松江区生态环境更加优美,三年内新增绿地211.85公顷、绿道40.1公里,新建12座街心公园;"五违四必"综合整治孕育出"九科绿洲"生态公园、松南郊野公园、佘山世茂洲际酒店(深坑酒店)、矿坑花园、佘山国际高尔夫球场,成为"旅游+生态修复"的典范之作;泰晤士小镇和松江新城核心区纳入市级"美丽街区"创建名录,新浜镇南杨村等19个村获评市、区美丽乡村示范村。社会治理成效显著,我区拥有国际花园城市、全国绿化模范城市、全国质量强市示范城市、全国文物保护先进区、全国平安建设先进区、全国社会治安综合治理先进区、国家卫生区、国家水利风景区、全国科普示范区等称号。旅游经济指标持续上扬,至2018年末全区游客接待量达1 872万人次,旅游总收入110亿元,两项指标始终保持两位数增长,旅游业对GDP贡献率达16.6%。旅游示范效应突出,旅游信息化数据平台、佘山旅游

综合服务中心等项目成为上海旅游示范样板。佘山国家旅游度假区品牌日益显现,深入打造"佘山大境界,问根广富林"旅游目的地形象,获评"全国都市生态旅游产业知名品牌示范区"和"中国体育旅游博览会体育旅游精品目的地"。

"全域旅游始终在路上",松江将坚持以人民为中心、游客需求为导向,紧扣全域要求、上海特点、松江特质,改革辟路,创新求实,唯实唯干,拼搏奋进,努力打造成为"远看青山绿水,近看人文天地"的长三角乃至全国知名旅游休闲城区!

第四章　非遗保护利用的实践案例

第一节　顾绣进高校案例

一、非遗顾绣进高校的意义

（一）开拓创新性传承途径

高校的基本职能包含服务社会产业、文化创新与传承，通过跨专业跨学科融合创新，将高校相关教育资源与非遗文化保护和传承相结合，有效服务非遗资源的保护、传承、传播和创新性专业人才培养，特别是既具备国际性非遗技术创新，又能创造商业机会的人才队伍。带动、鼓励大学生积极参与非物质文化遗产的创新性应用，实现发展与保护相结合，寻求生产性保护途径。

（二）发掘非遗研究队伍

借助高校育人职能，结合高校师资和学生资源优势，激发高校学生对非物质文化遗产的研究兴趣，从历史、民俗、技艺、传承等多角度开展非遗研究，促进非遗保护理论与实践相结合的研究手段。将非遗教育引入教学体系中，将非遗研究引入研究生课题中，通过展开课题研究、课程和教材的建设等多种途径，加强非物质文化遗产的研究和创新。

（三）传播优秀传统文化

非遗进高校为学生打开了解非遗知识和民俗历史的直接窗口，激发其学习民族文化，热爱民族文化，提升文化自觉，参与保护文化遗产的热情，使他们自觉成为非物质文化遗产保护的主体。鼓励和扶持非物质遗产保护志愿者队伍，为其开展相关活动提供指导、帮助和便利条件。从青年入手建设中华精神家园。通过形式多样的非遗活动，在高校学生中形成了解和推动文化传承创新的普及效应。

二、非遗进高校的形式

结合高校学生的身心特点和认知规律,在校园进行非遗展览、展示、展演活动,将非遗传承与创新应用结合到课程教学中。把民间技艺项目和传承人请进学校,开展现身说法的教学,在传授技艺的同时,也传承了中国工匠精神。

（一）非遗教学进课堂

自2016年以来,上海工程技术大学与松江文化馆紧密合作,将非遗顾绣引进课堂,在校内开设了"非遗顾绣的传承与创新应用"创新实践选修课,共开设32学时,由学生自主选修,作为创新创业学分纳入学生的培养计划中,鼓励具有一定艺术设计基础,或对传统文化有兴趣,踏实认真的学生修读。

课程主要由顾绣区级传承人授课,校内专业老师配合。通过课程教学,让学生认识松江国家级非物质文化遗产顾绣的历史和影响,通过学习顾绣制作工艺,结合现代时尚流行元素,拓展顾绣创新设计的方法和途径,达到对此传统文化和工艺的传承与推广,使顾绣走出深闺,面向全社会、全世界。

实践过程中课程强调理论联系实际,以实际操作教学为主。邀请顾绣资深研究员进校传授国家级非物质文化遗产顾绣的历史渊源、文化价值和影响;邀请顾绣的市级传承人进校指导老师和学生实践顾绣的设计和制作技法;展示顾绣精品实物,激发学生对于传统文化的热爱和学习热情;采用主题设计和制作的方式,完成顾绣的创新应用作品。

通过3年的课程的教学,共有近100名学生修读了课程,通过学习学生加深了对非遗顾绣的了解,掌握了顾绣的基本技法,具备了初步的创新能力:

1. 了解上海松江的国家非物质文化遗产顾绣的历史、文化渊源和影响。通过讲座和顾绣资料了解位于上海松江的国家非物质文化遗产的文化影响;了解顾绣对于中国传统刺绣的影响;了解保护和现代传承的现状,寻求新的传承和应用途径。

2. 了解并掌握顾绣独到的刺绣技法。通过课程，由传承人现场演示教授指导，学生实践，使学生掌握顾绣的工艺流程、基本技法，能够比较熟练地运用各种针法和技能；掌握顾绣的艺术表现技法。

3. 将相关知识运用到服饰作品的设计和绣制顾绣的基本针法中，通过顾绣与现代技艺的合理结合，寻求顾绣传承和推广的途径。

（二）非遗活动进校园

近年来，上海工程技术大学不断加大校园文化建设力度，积极发挥高校承担文化传承与创新的基本职能，通过跨专业跨学科融合，将优秀传统文化教育渗透于学校日常教育教学当中，积极探索优秀传统文化传承和创新应用的新途径。自2015年以来，上海工程技术大学与松江区文广局、松江文化馆合作，在"文化和自然遗产日"开展非物质文化遗产进校园活动，组织民间技艺项目和传承人开展具有校园特色、针对学生群体的展览、展示、展演、现场教学、成果评比等深度参与活动。经过几年的合作，学校与松江区文广局、松江区文化馆在松江区非物质文化遗产与教育资源结合、传播、传承和创新应用方面开展了细致深入的合作，大力弘扬松江非物质文化遗产，在校园中掀起了保护非物质文化遗产的热潮，为丰富高校学生的精神文化生活提供了宝贵资源。顾绣在现代服饰设计和制作中的创新应用，使社会各阶层对其有了一个新的了解。

第二节　叶榭软糕的改良和产业转化实践总结

一、叶榭软糕产业再生的任务解读

叶榭在上海松江区东南部,由于地理环境优越,气候适宜,水质优良,土壤肥沃,特别适宜种植水稻。因此在三国时期,地方农业生产就已相当发达,水稻是主要农作物,为"松江薄稻"的重要产地,唐朝时作为贡米,直贡朝廷,也是叶榭软糕得以成为上海松江非物质文化遗产的来源依据之一。

叶榭软糕始于明万历元年(1573),历经400余年。原料选用当地优质粳米、优质糯米,按比例配制而成。叶榭软糕现有夹心糕、素糕、猪油豆沙糕三类。夹心糕以猪油、豆沙、枣仁等为馅心,外观方正,色泽鲜艳,松软香甜;素糕多以绵白糖为主要制作材料,大长方状,雪白细腻,甜凉清糯,适宜长期存放;条形软糕则呈羽状方块,可随意分开,甜度适中,清香可口,适宜配佐夏日饮品。

由于叶榭软糕制作工艺不同于其他糕点,其粳米、糯米都是用冷水进行浸泡,夏天不会馊坏,所以它的口感松软、有弹性,吃后不会出现胃胀、胃反酸现象,一直很受人喜爱,往往作为招待来客及馈赠亲友的礼品,闻名于松江、金山、青浦等地。民间一直留有"浦南点心三件宝,亭林馒头张泽饺,叶榭软糕呱呱叫"的顺口溜。后来叶榭软糕还成为"上海之根"松江文化旅游节的礼品。

叶榭软糕从明代传承至今,有明确的谱系可寻。除了作为传统点心类食物的工艺价值外,制作工具(特别是软糕模具)的纹样也代表了江南人文美学和农家田园的质朴。2011年，上海文广局将叶榭软糕申报为上海市饮食类非物质文化遗产，通过传承人传承等方式开始了对它的保护与传承。

　　但目前叶榭软糕的现状较为窘困。一方面，传承人顾火南年龄偏高，参与传承利用的人数有限，且均在60岁以上。食物推广的途径也多以家庭小作坊的自产自销为主，面对大工业批量生产的冲击，后继无人。另一方面，叶榭软糕的口感相对传统，食材的来源和特性也有物理和地理上的限制，造成销售区域不能太远，存放时间不能太长。面对网络推广、电商模式的挑战，软糕的销售缺乏市场协助，运营团队与消费人群都缺乏储备。

　　作为地方传统食物的产业转化和非遗项目的再生性利用还包含四个层面的难题，一是制作工艺和传承模式的转化，将传统的手作技艺、经验的言传身教有效转化为到可批量化、标准化的生产流程，并进行数字化的监管控制；二是传统食物的时空限制，表现在如何有效地突破传统食物在无添加，或者少添加的前提下短暂的保质时间和流通空间的限制；三是非遗核心的保护，重点是在产业转化的过程中，对非遗文化的再生性利用中充分保护，再现其核心本体和价值；四是遗产类文化精神的传承路径。在很多非遗项目中，往往其历史文脉的传承是已经消亡，或发生变化的，因此在产业再生与转化过程中，我们也必须考虑对消费者所传达和观复的非遗产品的内容、文化代言和价值体验。

二、叶榭软糕的再生转化设计

　　面对这样的现状和叶榭软糕的产业再生和转化任务，我们首先从非遗的理解出发，进行了田野调查和理念重构。我们先后梳理了史传资料、现有的传承人和整体制作销售的过程，制作完成叶榭软糕的食物档案。在针对叶榭软糕的核心作提取的基础上，我们发现除了常规窘境外，它在食材来源、口味设定、食用情境以及制作工具（特别是模具纹样的审美倾向）等方面和现实需要间存在差异；软糕的包装、销售路径、品牌VI系统等，并不具备市场化流通和推广传承的条件。

首先,"松江薄稻"在明朝时期,根据地方积温和农作习惯,多是一年一熟,而且当时地力肥沃,水质优良,病虫害少,水稻和糯米的糯性、黏度、甜度、含水量等都要比现在优质很多。

其次,叶榭软糕最早是作为富裕家族的子弟读书休闲之余的点心,配以茶水,作饱腹之用。后期,又将它作为走亲访友,上梁祝寿等民俗的走礼之物,所以在以往物质匮乏紧凑的年代,它的口感还是比较倾向馥郁浓厚,体量较大而方正,与现在传统创新性休闲点心有所区别。现在都市的休闲点心,由于种类繁多,花样精巧,选择余地宽泛,已经慢慢由饱腹需要转为尝鲜消闲需要,因此当下的传统创新型点心的口味往往会更注重时节特征,偏向清淡,外观也力求精致小巧。

而且,传统的软糕图案是迎合了当时的社会审美和文化寓意的,符合当时的食用情境与价值取向;但现在社会的食用情境已经完全不同,对食物的文化和审美趋向也更加精致,中西融合,更具现代特征。因此,叶榭软糕不论从口味、外观,还是从它所代表的文化符号来看,都不符合目前都市消费人群的喜好。

所以,我们从叶榭软糕的核心口味、食物外观和包装品牌开始重新设计食物主体。

在食物的结构上,我们保留了粳米、糯米的配置比例。但出于恢复传统口感的目的,我们将普通粳米换成了包浆期更长的进口粳米,并将糯米换成黏度和含水量更高的高山黏米。同时配合年轻消费者的口感喜好,开始研发特色主题性软糕,如针对女性口感的玫瑰味软糕和配合夏季口感的抹茶味软糕等,作为传统软糕的补充。并根据食品的不同特征在不含添加剂的基础上,设计了食物的保存方式和再加热过程。

经过对消费市场的调研和甄别,我们以上海及其周边的18—28岁年轻人群、松江地区的外来游客为我们的初级消费对象。在食物的外观上,我们充分尊重传统叶榭软糕的方形符号传统,只是将产品从原来的$7 \times 7 \times 2.5$ cm的60克体量改为$4.5 \times 4.5 \times 2$ cm的30克体量,刚好满足了消费者的一口食标准。在外包装上,为了更好地表达它的在地特色(亦在地限制),我们也梳理了松江30多个传统文化符号和叶榭镇的历史、空间地景,最后将叶榭镇一年四时的乡村风貌作为基础图鉴,采用景观水彩的表现方式,形成了新的食物包装系统,以及叶榭软糕代表的"叶榭名食录"系列的视觉识别系统。最后,我们又针对松江的旅游服务网店,设计了堂食加外带的消费模式,配设了独立的包装系统。

在这样的食用体验中,我们希望可以使消费人群逐步认识到:作为江南稻食文化的杰出代表,叶榭软糕具备原生态环保无污染的特征、江南饮食文化的人文雅致调性和江南食物美学背后的文化。

三、叶榭软糕产业转化的生产实践

叶榭软糕的产业化实践整体是通过轻资产的方式来完成系统资源的整合。首先,叶榭镇农业开发有限公司受政府委托承担软糕的整体项目开发,并建构了由再生性设计与产权建设团队、生产咨询与监管团队、生产与联合营销团队,这样分层协作又各担其责的协同团队。

其次,在产品的实验室研发阶段,重新甄别和确认了作为非遗的叶榭软糕的核心价值和产业转化关系。在确保其技艺类非遗的价值与文化精神不变的情况下,对其传统的产品配方、制作流程、原始产品(原味白糖糕已经失传)均作了基础的观复,建立了数据化的标准;同时出于机器生产的制作要求,将它们又做了机器工艺制作流程的翻译,如:将原手工制作流程中重要的冷水浸泡过程、蒸煮过程都做了适合机器制作的调整,并通过流水浸泡、高温杀菌,包装消毒等工艺,使它突破传统食用时间的限制,为远途食品流通提供了条件,从而达到食品流通的可能。最后,团队在工厂试生产阶段,通过多次生产性试验,终于将食品的配方构成、食材来源、制作流程与工艺、生产工具与模具的形式等要素完整地稳定下来,通过国家和出口日本的米糕蒸煮类的生产标准和流通标准,为最终进入市场流通打开通道。

在后期流通与推广阶段,叶榭软糕的新品市调已被生产团队纳入辅助营销计划中,配合政府的文创推广、全域旅游的产业整合计划,我们拟搭建线上产品销售、线下非遗手作体验、旅游网点和特食推广(如:地方礼品商店和市民早餐系统)的多重营销路径,通过地方性资源整合,来完成叶榭软糕产业转化的生产实践。

四、地方传统食物再生转化方法探索

整体的松江叶榭软糕产业再生转化过程,历时已经两年过半,基本完成了叶榭软糕再生转化的设计、产业转化的生产实践和基本的营销策略设计三个环节。这三个环节中,我们经历了无数次的失败和否定,在无数次的重复和重建中逐步形成了系统的实践方法。

(一) 设计环节的"格物——假物——造物"三段模式

首先,我们通过对叶榭软糕的核心与这一食物系统的探究,了解具体保护传承中的错落,梳理与现今同类型食物之间的结构差异,与使用推广的差异,并以此设定叶榭软糕再生转化设计的任务框架。接着,一方面重新设计软糕的食物结构,使它尽量符合现代消费人群的口味;另一方面修正现代休闲类食物的普适性,强调松江的在地特色。从食材的在地特色到食品的外观传达方式,都尽量源用地方典型或非遗文化的形式符号。我们通过"假物"和"借物"的手法、运用现代的设计语言,嫁接到地方传统食物的构成系统当中,重新定义松江"叶榭软糕"。通过这样的食物消费体验,将地方特有的食文化和传统价值环境传达出去。

整体的再生方法实质是通过食物的转化设计,将它的魅力系统表达出来,让现代都市年轻人群对本地传统食物进行再认识,并通过种种在地体验,观复和理解原有传统食物的食用情境,食物背后的文化寓意、价值倾向。

其次,传统食物类的再生与转化应该是将制作人和消费者结合在一起,共同参与完成食物的体验。这种体验随着历史的推移会发生很多不同的触点,既是食物的本身,也是食物所承载的社会与技术的生态观念。设计这些触点、设计整体过程中制作者与消费者的对话,将是食物类再生系统的重点,也是符合"保护型利用、传承中发展"的原则和目的的。从设计师的角度而言,这也是一个社会型多学科交融的服务设计方法探索。

食物体验的设计理念应该是从研究食物产生的背景开始,用历史变迁的维度,反思传统地方食物对社会价值体系的立场,将食品技术与食用情境的变化对比,延伸为当下社会应用中对地方传统食物的发展前景与意义的思考。而且,我们还应该强调食物材料来源和在地消费体验的环境意义,用历史的维度对话引发消费者的反思,培育他们对新地方食物的感情。

(二)生产环节"实验研发—生产研发"模式中的实验翻译—生产翻译

整体的生产环节是将非遗的手工制作工艺、传统食物的配方、结构、文脉路径和精神价值等等以非遗的标准提炼、翻译为可批量化、数字化的实验室研发可能,再通过工厂的生产型实验,完成技术性、稳定性和标准化的批量生产和市场流通的翻译。整体过程既有赖于设计团队随时调整方案与修正性方案的确认,更有赖于咨询监管团队的协调和控制。在实验室研发过程和生产流水线的研发过程中,标准化系统的确立,既需要忠实于食物的非遗定位和设计团队对非遗的表述和追求,也需要忠实于生产研发的科学要求,还需要通过无数次实验的相互校正。

(三)在非遗产业再生系统中,伴随着产品转化的还有系统知识产权问题

非遗项目在再生转化过程中,其非遗认知结构和产品知识产权一定是发生变化的。一方面,在生产和推广过程中,再生型传统食物的内涵和外延都有再生部分,已经不同于常规的血统纯正的非遗技艺,对这些再生部分的知识产权必须要保护起来;另一方面,就其被特意保存下来的非遗核心,出于地域特征的识别,也需要通过适当的方式被申明保护起来。

目前，关于非遗技艺类、地方传统食物类的知识产权保护路径，最优的是证明商标和地理商标。其中证明商标是指：由对某种商品或服务具有检测和监督能力的组织所控制，而由其以外的人使用在商品或服务上，以证明商品或服务的产地、原料、制造方法、质量、精确度或其他特定品质的商标。地理标志商标则是标示某商品来源于某地区，并且该商品的特定质量、信誉或其他特征，主要由该地区的自然因素或人文因素所决定的标志。鉴于证明商标的专业性和权威性，有地方非遗保护协会和基层非遗保护中心携手申报，并统一监管地方传统食物的再生与转化，是具备非遗的保护利用原则的。同时，通过对地理标志商标的申请，也是对非遗技艺类、地方传统食物类再生转化的有效通行做法。通过申请地理标志证明商标，可以合理、充分地利用与保存地方的自然资源、文化遗产，有效地保护优质特色产品和促进特色行业的发展。

因此，这都将是再生系统中必然考虑的重要部分。

（四）政府协助与民间协同的关系

在地方传统品牌的再塑过程中，由地方文化部门主导、推动非遗文化的传承发展，已逐步转变为政府扶持下的民间团队融入转化机制。民间团队往往结合传承人、消费者、产业资本自发地根据市场需要，转变地方传统食物半封闭、小作坊经营的现状，扩大为社会性的产业营销模式。但目前，这种转化过程多会出现片面转化、产业混乱、产品误读、文化核心遗失等问题。因此，政府作为地方非遗文化传承发展计划的支撑者，除了主持推手的职责外，还应该运用行政管理的杠杆，参与专业协同团队的搭建、地方食物类再生设计的评估、食物技术与文化标准的设立等工作，确保地方传统食物品牌的可持续发展。

同时，出于非遗文化的多路径保护方法，政府在服务委托的基础上，也需要梳理清晰非遗传承人、专业联合的协会组织、非遗保护中心、非遗协会和基层非遗文化站的关系，分层解构地方传统食物的核心与文化含义，并制定分级保护与再生制度，清晰新旧产权归属，并将产品系统纳入行业标准的评估体系中,通过传承人——协作生产——组织或公司推广——网络服务,完成传承人和消费者的食物文化体验、传承推广、产业转化之间的可持续发展。

叶榭软糕的产业再生与转化不是一个一蹴而就的文创项目,也不是一个探讨资源转化的商业项目,它更多探索的是上海松江的非遗技艺在这一地域文化资源下的融合与再生的可能,是地方传统食物的可持续再生之道,也是地方文化旅游业态的构成之道。因此,"道阻且长,行则将至"!

第三节　叶榭竹编创业传承的多途径探索

一、关于叶榭竹编的概述

竹编又称篾竹编，即把竹剖成篾丝、篾条，然后将其编织成为物品。早在900多年前张择端所绘制的《清明上河图》中，就能看到竹编的器物在图中出现的频繁度，从竹墙到竹帘，从屋外的竹阳伞到屋内的竹斗笠、竹篮等，让人不禁感叹，竹这种编织物，如空气般平凡、广泛而又悄无声息地渗透在人们的生活之中。几千年来，中国民间大量用竹子进行粗编，生产竹编凉席、凉枕、扇、笋、筐、篮、箕畚等生活日用品；南方地区则逐渐形成赋予地方特点的竹编用具和手工艺品，如安徽的舒席，浙江东阳、嵊州竹编，福建泉州、古田竹编，上海嘉定竹编等。上海的郊区，尤其是农村，与浙江其他地区类似，虽然没有像浙江一样盛产竹子，但是普遍种植竹子并用竹编进行农食和制作生活用具。在《上海地方志》的《青浦县志》中记载，早在清光绪二十六年（1900），练塘镇便开有"蔡永顺竹器店"。在民国初，上海从事竹业的有50多户、100多人，至1949年5月，有62户、89人，产品有竹椅、竹榻、竹篮、鱼虾笼等。

竹编在上海地区有着悠久的历史。据《上海地方志》记载，上海的嘉定地区是上海地区最为发达的竹编产地。嘉定南门至石冈一带，有不少世代相袭以篾作为业者，1935年，白墙、周家村、泥桥、棕坊桥、庙前等5个自然村，居民154户，142户操篾作业，有篾作村、篾作弄之地名，编织的器物有日常生活用品、花篮、摆设、玩具等；1924—1931年，嘉定竹制品的年销售额约有15万银元；1932年一·二八事变后，上海120多家丝织厂大多关闭，竹丝篮年销售减至1 000—2 000元；1955年，嘉定县成立了新星竹器合作社，主要生产各种竹编制品，把篾丝染成橙青色或褐色，编成各种动物、花朵图案，再制成花篮、面包篮、竹盘、竹丝灯罩和竹橱，以花篮为出名，从篮底到篮身、直至篮襻，都编有环龙花、链条花、小梅花等图案花样，制品远销埃及、捷克斯洛伐克、意大利、瑞典等国；到六七十年代，乡村宅前宅后竹园园基锐减，竹子原料骤减，加之竹编制品的价格偏低，生产开始衰落。

竹编在上海的发展，整体是由盛转衰的趋势，各地区有多项竹编工艺被列为上海市级和区级非物质文化遗产名录。例如，马陆篾竹编织技艺被列为第一批上海市非物质文化遗产名录，叶榭竹编工艺被列为第四批松江区非物质文化遗产名录。叶榭竹编的历史，可以追溯到五代后周（957）时期，华亭县盐铁庄（今叶榭镇团结村）有一户陈姓竹编世家，以竹子为原料，精制成各种类型的工艺品，如晒簟、箩筐、簸箕、笕、篮、渔具等，其竹刻、竹编为当时吴越国的贡品。陈有四子，均以竹编为生。他们的竹编器具发展到后面，渐渐由一般的生活用具向滚灯舞、马灯、水族舞等娱乐道具发展，为当地民间舞蹈的形成起到了关键作用，一系列的民俗活动大大丰富了百姓的文化生活。叶榭竹编工艺大都用刮光加工的篾条，编出人字纹、梅花眼、菱形格、十字纹等各种花纹。为了使竹器经久耐用，器物的体部用扁篾，边缘部分用"辫子口"，使其具有了一定的生活美学。其独特的构思、精美的造型、精湛的工艺，堪称一绝。

叶榭竹编的特点是量广，人员多，一个村每家每户都会编，专业的也不少。专业的品种比较多，除了竹篮还有凉席、饭篮以及舞草龙的架子。竹编的制作花样多样，一般东西都可以用竹编来制作。

在2010年上海世博会期间，叶榭竹编还走进了世博园，以现场巧手编织的方式向世人展示江南民间精湛的竹编技艺。在公共参与馆，游客可看到叶榭竹编。其中既有传统的带有福禄寿喜字样的针线篮，也有憨态可掬的海宝。两位来自叶榭的竹编能手还现场表演了竹编技艺。

如今，具有自然生态本色的叶榭镇民间竹编工艺被赋予了现代文化的色彩，在不断丰富农耕文明、田园文化的同时，也吸引着人们走进新时代的"低碳"生活。

（一）将现代设计元素与叶榭竹编有机结合，开发美观时尚的新产品

现代人的艺术审美力越来越高，他们偏爱集实用性、美观性和独特性于一体的富有文化内涵的产品。叶榭竹编不缺美观性、实用性、独特性，但在文化性、技艺性方面还有许多问题需要解决。因此，必须将现代设计元素有机融入叶榭竹编传统制作技艺中，与现代生活、现代审美、现代时尚相结合，按照美学原理在色彩、材料、造型、图案、包装上下功夫，并且尝试将叶榭竹编的用途扩大化，加工生产出叶榭竹编靠枕、竹编包包、竹编文具袋、竹编香囊、竹编扇子、竹编装饰画等产品，这些商品单价不高，却集艺术性、实用性、方便性、礼物性、特色性于一体，极易吸引人们目光。

（二）开展叶榭竹编传统工艺传承人研培计划，吸引当地百姓加入并增收

政府及上海市内相关高校要联合制定叶榭竹编传统工艺传承人研培计划，从社会群体中招募热爱叶榭竹编非遗文化的年轻人，由叶榭竹编非遗大师亲自授课教学，有系统地进行专业训练，为叶榭竹编非遗文化培养高素质的传承人才。此外，政府还要联合非遗生产性企业，深入叶榭竹编贫困村落中，优先将贫困家庭中有一定非遗制作技能的人纳入非遗培训，指导他们进行非遗产品制作，由企业进行统一收购。如此，贫困家庭每个月能增加千元以上的收入，既实现了精准扶贫，又促进了非遗文化的传承和保护。

（三）加强宣传，打造富有知名度的叶榭竹编非遗旅游品牌

非遗是重要的旅游资源，不仅需要保护与传承，更需要开发和利用。从非遗旅游角度而言，当地政府要积极调动各项资源，加强宣传与推广，致力于打造富有知名度的叶榭竹编非遗旅游品牌，吸引国内外游客前来松江区旅游、消费，以非遗促进旅游，以旅游实现经济发展，最终施惠于民。正所谓"扶贫先扶智"，针对上海叶榭竹编非遗文化面临的失传和断代危机，上海各地尤其是叶榭竹编地区的学校要加强对学生的非遗教育，提升年轻一代对叶榭竹编非

遗重要性的认识和参与积极性,开设叶榭竹编非遗体验课程。为此,政府要积极做好有效加强叶榭竹编非遗传承的生长力。一方面,要以举办叶榭竹编旅游文化艺术节的形式吸引游客,扩大非遗保护影响力,并精心设立叶榭竹编文化展览馆,宣传叶榭竹编文物或特色习俗,发展当地叶榭竹编特色农家乐,将传统活动融入其中,带给游客不一样的民族体验;另一方面,要积极调动当地百姓的非遗保护热情,采取举办民族风情活动的形式促进叶榭竹编文化发展,如定期组织叶榭竹编能手表演叶榭竹编技艺,培养群众热情等,使当地百姓都自觉成为叶榭竹编非遗文化传承保护、宣传推广的落实人,共同促进叶榭竹编非遗文化的新生。

二、叶榭竹编的创新过程

（一）叶榭竹编进课堂的背景

2016年5月31日,上海松江区文化广播影视管理局和上海视觉艺术学院签订了"政校共建合作"协议,松江区"非遗文化进大学校园"正式落地上海视觉艺术学院。2016年起,以叶榭竹编等为代表的非遗项目,分批进入上海视觉艺术学院的非遗课程,授课对象为本科二、三、四年级的设计类专业学生,面向包括视觉传达、产品、会展、室内设计以及包装设计等专业的学生。该课程设定为大学本科的设计选修课,通过课程,将民间艺术引入大学课程,同时邀请非遗传承人进入课堂和学生一起进行设计和创作,通过这种方式,传承民间艺术,引入地域文化,最终将传统民间艺术融入现代设计中。

（二）叶榭竹编进课堂的几个阶段

2016年的9月—12月,松江区文广局和上海视觉艺术学院举行了一次以叶榭竹编为主题的非遗课程。课程的融入分为以下四个阶段:

1. 阶段一: 将非遗文化导入通识教育中

以非遗为核心的通识教育,主要以专家讲座的形式展开。相关专家来自政府、企业、高校等各个领域,旁听的学生不受专业限制,对大学城所有学生开放。在此次叶榭竹编创新项目实践过程中,陆续邀请到各方面的非遗专家,从不同专业角度给学生们作讲座形式的通识教育:联合国民间艺术组织IOV副主席、中国区主席陈平教授,以"传承和再生"为主题作了关于世界遗产的概述,建立学生们对世界遗产的初步认知;松江区文化馆馆长陆春彪先生,从政府、地方的政策和专利保护等角度,简述了地方非遗政策和状况;台湾"陈悦记传统文化基金"的创始人陈玠甫先生,分享了台湾非遗和文创实践转化的经验;也有本校已毕业创业的学生,分享了在创业过程中进行非遗再创作的心得和体会。

2. 阶段二: 将非遗项目进行项目制教学

以叶榭竹编为授课内容,课程的授课对象为本科三年级的学生,涵盖视觉传达、产品、会展、室内设计以及包装设计等各专业,课程实践共计54课时,分9周,每周一次6课时的课程。全班分成10个小组,每个小组3名同学来自不同的专业,从三个阶段展开教学。第一,体验与感知阶段。邀请了松江区级非遗传承人唐正龙师傅进行叶榭竹编鉴赏和体验,体验从原生态的毛竹开始,用刀劈竹,再劈成竹篾,再编织成物的过程,每位学生以十根竹篾为基础,学习编织一个球形迷你滚灯;第二,分析与提炼阶段。通过相关文献阅读、国内外优秀案例分析等,提炼竹编的工艺特征和艺术特征;第三,方案与模型阶段。通过各小组的合作,最终产生了十组有效方案,进行了草模实验,并且同非遗传承人唐师傅一起制作出了最终的设计样品。

3. 阶段三: 将优秀作业转化成成熟作品

参与非遗课程的大多为本科二年级和三年级学生,在紧接着的大四毕业设计中,推荐学生选择对非遗课程中的优秀案例进行方案深化、改良和再创,鼓励学生将成果申报上海市大学生创新创业计划,部分申请成功的学生可获得毕业后创业启动资金,在毕业后进行相关创业创新。例如,在此次叶榭竹编课程中,有若干位学生利用竹编制作的灯具设计,已申报成功2017、2018年校级、市级创新创业项目,并将在毕业后将该设计应用于软装设计等领域。

4. 阶段四: 通过商业手段进行商业转化

此次叶榭竹编的创新应用设计稿,已由上海视觉艺术学院整理成册,并在各大展会、学术论坛进行发布和推广。部分设计案例,由大学生自主进行模型改良和深化,并且小批量制作,投放到部分创意集市中。比较重要的集市有上视"泰生活"创意集市、"鹦鹉螺"创意集市等。松江区文广局,针对已有成果,也正在进行推广,并联系相关地方企业,转化创新成果。

三、叶榭竹编的创新探索

在叶榭竹编的课程中,共计安排了54课时,进行了分9周每周一次6课时的课程。全班分成10个小组,每个小组3名同学组成一个团队,共计产生了十余件作品。作品从各种途径出发,尝试探索了竹编在现代生活中的新应用方式。(与上一页阶段二中的内容重复)

(一) 途径一: 以装饰性为基础的设计

实践案例一:"竹光"大竹灯设计

竹编工艺最大的特征是竹篾条之间产生的自然间隙,即"镂空"艺术效果。如何最大化这种镂空艺术效果,是设计中最需要思考的问题。在日常生活中,灯具的使用通常需要有透光效果,因此,将竹编与灯具相结合的设计,是竹编在现代生活中的极佳应用。使用竹编制作的灯具,将竹编工艺中的镂空特点和透光效果进行结合,让灯光从缝隙中漏出,形成光影效果,整体作品呈现出竹制的外框,暖色光打破了常见的亚克力材质透光感,显得精致又温馨,有一种从现代都市穿越到世外桃源的归属感。该作品最终取名为《竹光》,灯光从多样的竹编织理中透出,随着灯的旋转,形成千变万化的光影效果。

实践案例二:"竹·花·器"花插设计

竹编通常让我们联想到的是一些传统物件。比如竹编的篮子、蒲扇、盛器……往往这些物品所展现出的都是竹子的原色,作为生活用品使用时只注重其实用性。在此案例中,尝试把竹编的元素融入家庭墙饰装饰当中,以竹编墙饰为承载体,配以花枝点缀。在制作过程中,根据竹子韧性的特点,用较粗的竹篾来做底,编织成半扇形,然后将竹筒固定于竹篾上,扇形顶端以细竹篾编织缠绕的方式,做出弧形,增加美感,最后将花枝有序陈列于竹筒内,从而达到竹编与墙饰、花与竹编的融合效果。

(二)途径二:以情感化为基础的设计

实践案例一: 保温杯套

竹编本身能给人带来温暖感,如果将这种材质和人们的情感结合在一起,唤起人们对旧物的回忆,是竹编在情感化设计中的一种推进。该设计名为“童年的保温杯套”。保温杯套的创意来源于老式热水瓶套。老式热水瓶套虽逐渐被市场所淘汰,但依旧能唤起人们对往日器物的回忆。该设计选择了两种常用杯型设计了杯套:一种是成年人可以使用的随行杯(500 ml),另外一种是儿童使用的保温杯(350 ml)。传统的竹编工艺让杯套变得更加美观、耐用,同时也起到防震、防摔的作用,设计师希望用更加亲近的材料,赋予杯套新的韵味。

实践案例二: 妈妈的菜篮

传统的竹编篮可用于买菜,但其均为扁平状,且体量较大,慢慢被淘汰了。该项目的设计以传统菜篮为基础,调整了传统菜篮的比例和形态,并加以不同材料与之相结合,在原有的竹编篮子上加以改进。在设计上,以结实耐用的竹编作为基础结构,内衬使用结实耐用的亚麻布,同时也制作了不同的花纹与颜色,可进行自由组合,包带使用皮革材料,并加以铆钉元素,同时也增加了时尚感。整款竹篮结实耐用,造价相对低廉,目标人群既适用于妈妈们,也适用于年轻白领。

(三)途径三:以日用型为基础的设计

依据不同的功能,我们将传统竹编器皿分为生活器物类、生产器物类以及工艺品类三大类,其中生活器物类包括炊饮器、家具、家居陈设、文化用品、生活杂具等;生产器物类包括农耕用具、手工业器具、运输器具等;工艺品类包括立体竹编工艺品和平面竹编工艺品等。

在中国传统的竹编器物分类中，我们可以发现很大一部分竹编器皿到现在已经不使用了。生活器物类竹编器皿的减少，一方面由于生活方式的改变，已较少使用，比如炊饮器中的食盒、文化用具中的祭祀篮；另一方面由于科技和材料的进步，部分器皿已经被其他更有优势的材料所代替，比如炊饮器中的茶具、酒具等；生产器物类竹编器皿的减少，主要是由于工业化发展后，无论是农耕用具还是手工业器具，都被更先进的工业化用具所替代；工艺品竹编器物的减少，主要是由于民众审美变化和对外出口需求的降低。目前仍旧在现代生活中使用的竹编制品，基本都和人们的日常生活息息相关。

现代竹编，除了一些景区旅游纪念品、博物馆馆藏品外，出现在人们生活中的日用竹编制品，主要为家居陈设类、服装箱包类以及电子产品等。我们可以发现现代竹编制品种类较传统的大大减少，家具陈设目前是现代竹编工艺的主要门类，竹编制品部分以实用性为主，部分以装饰性为主。正如日本民艺之祖柳宗悦所说："工艺的本性中有'用'，因而工艺的器物之美离不开'用'。"若是想让竹编工艺能继续传承下去，必须将竹编制品和我们的日用品相结合。

实践案例一：彩色竹编眼镜包

眼镜盒，是生活常用物品。该项目的设计，设计师首先通过学习传统竹编技法，再将竹编工艺进行设计创新。在材质上运用混搭手法，使用竹篾和人造皮革两种材质相结合，并运用传统竹编技法编织，使得原先的一个单体元素变成了竹篾加皮革两个元素，增强了材质的丰富性；在编织手法上，竹篾与皮革形成波形纹理；在色彩上，主要选用红黄二色，将竹篾的藤黄本色（即明黄色）与皮革的胭脂红（即暗红色）进行呼应；在功能设计上，以传统眼镜盒为功能出发点，设计出竹材编织柔软、坚实的特性，同时为更好地保护眼镜，增加眼镜盒的实用性，内部设有绒布抽口袋。看似复杂的编织，整体纹理又不失简约大气，希望能在年轻人群中推广使用。

实践案例二：竹编化妆盒

该项目选择用竹编做化妆盒的外壳，主要针对女性人群，以木质桶装形体为核心，外围包裹竹编，可放置女性常用的粉底刷、眉笔等常用化妆品工具，同时在功能上设计了竹编上盖，起到防尘防灰的作用。

（四）途径四：以传播为基础的设计

实践案例一：《叶榭竹编教程》编撰

该项实践由上海视觉艺术学院产品专业副教授夏寸草带队，组织了上海视觉艺术学院及东华大学优秀研究生团队，对叶榭竹编进行了为期半年的拍摄和编撰。最终成果整理成《叶榭竹编教程》一书，全书共分为六章内容，分别为叶榭竹编的历史、常用工具、竹丝篾片的制作、竹编技法初阶、竹编技法中阶和竹编技法高阶。其中竹编技法初阶、中阶和高阶部分，选择了叶榭竹编中的六个案例，从简单到复杂，循序渐进地阐述了叶榭竹编的编织技法。全书共拍摄了近千张图片，用简单朴实的语言，阐述了竹编技法。同时，配套拍摄了竹编制作视频，在每一章中，添加了二维码展示相关制作视频。夏寸草希望通过该书籍的编撰，广泛传播叶榭竹编技艺，促进上海市松江区竹编非物质文化遗产的传播和发展，该书的受众主要面向中小学学生、社区传统文化教育者及广大竹编爱好者。

以上所有设计项目成果，由于均是设计实验性课程，其设计实验成果并不完善，最后的作品要最终投产还有很长一段距离。同时在与竹编传承人合作创新的过程中，的确出现了相当多的问题：例如在眼镜盒的制作过程中，利用了皮线，由于皮线的弹性较竹篾弱，使得皮线部分和竹篾没有办法非常紧密地咬合在一起；在保温杯套的制作过程中，由于设计师在交接过程中设计图纸只标注了保温杯的直径，竹编传承人在读图过程中没有理解清楚是内径还是外径，导致首次制作的竹编套尺寸太小，无法固定在保温杯外侧，因此，制作了两三次，才最终完成了产品模型。以上问题均是在设计和讨论前期过程中所没有预料到的。后期合作创新过程中产生的问题，只能在实践过程中通过沟通得以解决。

四、叶榭竹编的创新意义

（一）将非遗文化引入大学美育中

此次非遗课程是非遗教育进入大学本科教育模式的探索，探索了非遗类通识教育以及非遗类课程教学的方式与方法。课程将传统文化教育融入大学本科教育，深化了当代大学生对中华优秀传统文化重要性的认识，进一步增强文化自觉和文化自信，逐步建立起年轻一代的工匠之心，为年轻一代的未来和就业打下基础。同时，非遗课程引发了大量设计类在校大学生对传统文化的关注，促进了其毕业后以非遗文化作为基础的创新创业。

（二）促进传承人和设计师的共同发展

非遗课程进入大学课堂，合理利用了松江区非遗传承人资源。非遗传承人利用其闲暇时间，进入大学课堂，参与大学课堂的非遗教学，是对非遗传承方式的新尝试。该方式打破了传统手工技艺"师徒制"的传授模式，保留了非遗传承人的独有技艺，使得非遗传承人和新锐设计师形成一种协同合作的方式。在教学中，非遗课程将现代设计理念逐渐渗透到非遗传承人的思想中，通过新锐设计师与非遗传承人的互动，帮助非遗传承人打破传统固有的非遗产品思维界限，促进非遗传人在未来的突破与创新。

（三）用非遗文化促进地方发展

非遗课程促进了传统非遗产品的创造性转化和创新性发展，将非遗产品与时俱进地融入现代生活，注重实践与养成、需求与供给、形式与内容相结合，把中华优秀传统文化内涵，更好更多地融入生产生活各方面，从而更好地促进非物质文化遗产的生产性保护。非遗课程有效地运用了非遗类"产学研"的合作方式，以传统美术类和传统技艺类非物质文化遗产为纽带，通过地方政府、地方大学、地方企业三者之间的合作，促进传统文化创新资源要素的有效整合，打造具有鲜明地方特色的文化创意产业，拉动区域经济发展。

第四节 余天成堂中华老字号

一、余天成堂中华老字号的概述

（一）关于中华老字号

我国对于中华老字号的要求有三点：店铺历史要久远；经营的商品始终如一；店名不能改。这三点如果要同时满足，着实是非常困难的。在中国品牌研究院公布的首届中华老字号品牌价值百强榜上，100强的品牌价值总共为460.74亿元，前十位分别为同仁堂、恒源祥、云南白药、冠生园、王老吉、全兴、老凤祥、锦江、桐君阁和全聚德，其中同仁堂以29.55亿元的品牌价值名列首位。

据统计，上榜的中华老字号中，医药行业最多，其次是食品、餐饮和料酒行业。其中，酒类品牌含金量最高，其次是医药品牌、餐饮业和食品类品牌。由此可见，老字号医药行业具有巨大的潜在品牌价值。

（二）关于余天成堂中华老字号

在松江众多非物质文化遗产中，余天成堂药号这一距今已有230年历史的老字号，无疑是松江的一大瑰宝。松江余天成堂药号创建于1782年（清乾隆四十七年），距今已有200多年历史（比童涵春堂药号还要早一年），可以说是上海地区历史最早的现存老药号。余天成堂遵循"二十四字"办店方针，以"道地药材、修制务精、货真价实、童叟无欺、名医坐堂、治病救人"饮誉一方。在工具、器具及相关作品等方面，昔日以铁船、碾钵、铜锅、戥子称、杵筒等各种传统切药刀具为主；发展到现在，取而代之的是淘药机、筛药机、切药机、炒药机、轧碎机、轧扁机等组成的现代化工具。在制品方面,有"余天成牌"的虫草、燕窝、山参、红参等细货产品50多种,"余天成牌"的党参、当归、黄芪、太子参等精制饮片20多种,还有代客煎的膏滋药等便民服务。

二、余天成堂中华老字号品牌重塑的背景

（一）上海地区中华老字号的现状

老品牌的"老"是其最大特色,老工艺、老产品、老包装、老机制、老址,甚至传男不传女、传内不传外……老品牌就像一个耄耋之年的老人,老气横秋地站在新时代的路口,一脸茫然。虽说陈年的老酒愈久愈香,但是上海的一些老品牌,在时代浪潮的冲刷下,却没能历久弥坚,逐渐在历史的汹涌大潮中被埋没、被淘汰。比如"永久""凤凰"自行车,"上菱""双鹿"电冰箱、"红灯""美多"收录机、"上海"牌轿车,"佳美"洗衣粉、"美加净"牙膏、"霞飞"化妆品……这些当年叱咤一时的上海老品牌,大多已成明日黄花。余天成堂目前虽然运营得非常不错,但在很多方面也没有能跟上时代的脚步。它坐拥悠久的历史,丰厚的文化底蕴,就像一个巨大的宝藏,等待着一个独具慧眼的开发机遇。在2014年发布的《上海市设计之都建设三年行动计划（2013—2015年）》中明确指出,应"以设计创新提升老品牌的新价值,梳理若干知名老品牌,对其开展再开发利用,以创意设计凸显、提升老品牌的文化和市场价值,培育'新一代上海牌'";同时在2016年市政府关于印发《"中国制造2025"上海行动纲要》的通知中,又一次指出"到2020年,提升一批强品牌、振兴一批老品牌、培育一批新品牌、引进一批好品牌",可见上海老品牌的重塑迫在眉睫。

（二）余天成堂中华老字号品牌重塑的迫切需求

老品牌是死在过去,还是活在未来,这确实是一个现实的难题。关于诸多中国老品牌的重塑,也成了目前一个热门话题。在上海全力打响"四大品牌",即全力打响"上海服务""上海制造""上海购物""上海文化"品牌的政策影响下,振兴上海老品牌成了振兴"上海文化"品牌的必经之路。

放眼全国同类医药品牌,例如"同仁堂"就处于"金字招牌"长盛不衰的状态。近年来,"胡庆余堂""雷允上"等中医药老字号,纷纷进行了品牌重塑和新时代战略,并非停留在陈旧的"倚老卖老"状态,影响度不仅仅在省内,而是传播到了全国甚至世界范围内,同时,面对的消费者也越来越年轻化。

三、余天成堂中华老字号品牌重塑的策略探索

老品牌的振兴关键在于企业自身求变。对余天成堂老字号进行品牌重塑的整体策略是:要激活老品牌的资产,包括有形资产和无形资产,尤其是它的品牌附加值,需要全面梳理余天成在上海老品牌发展方面的有效资源,以明确在各个层面上的不同发展战略及发展重点,使余天成金字招牌取得应用的量化价值。

余天成堂品牌重塑的整体策略分为四大方面:① 突出老品牌的"历史感",强调余天成品牌的百年历史。重视品牌价值建设和提升,审视一下品牌在消费者心目中的品牌形象和品牌价值,通过对余天成堂中医药文化的历史流变的研究,提升品牌形象和品牌文化内涵;② 突出老品牌的"时尚感",符合现代人的口味,产品包装时尚化,推广要符合现代消费者的消费心理。突出将传统和现代结合,在创新中继承;③ 突出老品牌的"文化感",文化性代表了品牌历史、文化背景,是消费者记忆的文化提醒。为了快速形成老字号的品牌竞争力,要在传承和创新文化、强化管理,形成较强文化力和管理力的同时,提升技术力;④ 突出老品牌的"个性化"方向。中医按个人不同体质开药的过程,是一个高端定制的过程,余天成堂的部分产品可强调高端定制过程中的高品质感,完善使用者在使用产品过程中的高端定制感,达到定制服务的人性化。

自2018年2月26日起,夏寸草带领上海视觉艺术学院的22名同学进行了该课题的研究。本次课程的探讨是漫长而又深入的,从余天成堂非遗传承人进入课堂举行讲座,到学生们尝试进行中药包的称重,再到进入"余天成堂"

进行调研、香包体验，直到最后的专家、师生共同汇报，经历了整整14周的时间。从起步开始调研的时候，穿着厚厚的棉袄，到完成课题后已然光着膀子穿着短袖。三个年级五个专业方向的同学们，从自身擅长的角度切入陌生的领域，挑战了高难度的设计。无论是文献阅读、设计选题、方案设计，还是模型制作、摄影摄像，以及到最终的课程汇报，参与此次课题的12组成员们，均尽了自己最大的努力，发挥出了自身最大的潜能，较好地完成了该项目的设计。以下是夏寸草团队为余天成传统中医药文化进行品牌重塑的实践案例，部分案例尚处在调研和初步实践的阶段，仅供参考和批评。

（一）挖掘历史，重塑品牌历史

实践案例：秒懂余天成

在调研中我们发现，虽然余天成堂历史悠久，有强大的文化资源，但是目前仅有文字历史罗列。在我们用文字叙述余天成历史时，感觉枯燥和冗长，同时在实际的访谈中，夏寸草团队发现余天成堂的就诊人群在候诊时，往往感觉很枯燥。依据以上调研，该项目设计团队将余天成历史拍摄成"秒懂余天成"视频，全视频整合了余天成堂从古至今的历程，仅仅2分钟时间，用简洁明了的方式让人在最短时间内对余天成的前世今生有所了解。

（二）关注当下，重塑品牌整体视觉形象

1. 实践案例一：余天成VIS品牌系统重塑

余天成堂的VIS系统，是余天成堂品牌重塑中比较核心的部分，余天成堂有限公司目前尚未具有完整的VIS品牌视觉体系。余天成堂本身有标志，并具有注册商标品牌，但目前的标志设计较为传统，色彩使用红绿色，较难衍变和适应当代审美。比较特殊的是，余天成堂被上药集团合并后，经常会产生余天成标志和上药标志合并的情况，上药集团本身具有蓝色的LOGO，当其和余天成堂标志并列时，图形和色彩均产生了冲突。因此，夏寸草团队对余天成堂进行了新的VIS系统设计，其中保留了余天成原始的标志体系，同时将余天成和上药集团标志合并成新的标志系统，按需使用，并设计了相关的完整的VIS

品牌体系,包括新的员工名片、就诊卡、就诊手册、员工卡等。

2. 实践案例二: 余天成连锁店的空间重塑

余天成堂目前拥有几十家连锁型分店。这些分店均布局在松江地区较为热门的地段。但是据团队设计调研发现: 整体设计与西药店无明显区分,缺乏中医特色;空间小且货架款式、颜色及摆放不统一,给人以杂乱感,降低了顾客的体验度;同时,连锁店的部分玻璃橱窗没有好好利用,没有很好地展示药店氛围、促销信息和内部环境;同时大部分店铺忽视了药店外观招牌的设计。

因此,该设计团队在调研的基础上,重新设计了余天成堂的二代店铺,将整体风格设定为:"简约中式,传统与现代相结合,销售与休闲相结合。"其设计重点主要包括: (1) 空间的分布与再调整; (2) 增加玻璃橱窗,有助于进行品牌形象宣传,展示内容包括中医古籍、中草药、中医器械、古典药瓶等; (3) 增加了互动休息区; (4) 重新调整了色彩搭配; (5) 调整了门头设计。

（三）善用网络,完善余天成网销系统

1. 实践案例一: 余天成新网站的重塑

依据调研,该设计团队发现余天成现有网站（http: //www.ytcyy.cn/）整体设计偏陈旧,对手机平板等电子设备没有友好支持,同时网站没有很好的交互性,重要信息不易查找,分类栏目页不够智能,首页版面过长,内容信息繁复,图标与版面风格不统一,重要信息位置非常不显眼。

依据以上调研,该团队在重塑余天成网站的工作上,将网站的交互性放在了首位。首先,网站关注市民所需信息,包括常用信息（余天成服务,门诊时间,电话号码）、医师信息、促销产品等;其次,网站关注余天成公司、员工所需信息,包括企业新闻、公司信息等;再次,改变了传统的网站形式,改用HTML5格式大页面,同时支持手机、平板等电子设备的使用。

2. 实践案例二: 余天成单店天猫等网络平台的构建

依据调研,余天成目前没有网上旗舰店铺或网络销售,而同类型药店早已开设网上店铺。因此,该团队希望为余天成打造一个全新的余天成天猫商城。

天猫商城分主页面,以及各特定促销页面,如"双11"、母亲节等。同时,结合余天成堂的悠久历史和品牌定位,整体设计采用了简约风格和中国风元素(山水画、梅兰竹菊、祥云等)的融合。

(四)关注当下,打造地方性节日

1. 实践案例一:余天成香包的设计

端午香包,作为余天成节庆活动重大传统项目,近年来始终销售火爆,说明香包在老百姓中的接受度很高。目前现有香包品种繁多,但是没有相对中高端的可以代表松江地区的赠礼香包,因此,该团队希望以余天成堂香包为卖点,打造代表松江区的文创纪念品。该设计做了两个设想:一是跨界合作,将松江区另一项传统非遗顾绣和香包结合起来,在形态上延续传统香包的特征,使用一大一小的亲子款,局部地方采用了顾绣,提取了清代余樨作品,绣上了上海市花白玉兰花;另一个设想,是与典型性旅游景点合作,将香包和松江著名景点广富林的若干元素相结合,在造型上使用了新型的香包造型,设计成情侣款,图案上采用了广富林遗址建筑造型,同时改良了香包丝线,使用银线夹杂七彩线,再进行设计。

2. 实践案例二:余天成堂膏方节的策划

膏方节是余天成堂一项重要特色节日。据调研,目前膏方节每年看病人次达到3 000人左右,受众人群集中为松江地区的中老年人士,因没有整体营销推广方案,其普及地域、人群、年龄都不够广阔。因此,该设计项目希望整体打造膏方节这一节日。通过膏方节活动,让人们更加了解膏方,同时将膏方与现代人的生活节奏结合,进一步推广余天成堂的中药,将膏方一并引入校园和社区,重点推广"膏方进校园"以及"膏方进社区"两项活动。

(五)重点挖掘,打造余天成爆款商品

1. 实践案例一:传统膏方新包装,增强高端定制感

膏方是余天成现有的类目中非常重要的一项季节性销售方式。但现有膏方包装,设计上过于传统,缺乏高端定制感。目前的包装是大盒装设计,不方

便取食,也缺乏食用膏方时禁忌提醒。

该团队在原有基础上做了两种方案的设计,一种方式是在原有的包装上进行改良,让消费者有更好的消费体验。比如,仅仅改变原有包装袋的颜色,变为中国传统颜色:红色,更富有韵味和历史感;又比如,在膏方盒上增加了贴纸,增加了密封性,贴纸上印有食用膏方的禁忌,起到良好的提示作用。另一种方式是在原有包装上进行突破,改变现有膏方的包装方法,使包装更加高端。可将膏方分装于定量真空袋子里面,直接撕开真空袋子即可食用,方便随身携带,又方便食用;同时将膏方设计在VIP定制的盒子里,体现它的高端定制感;色彩上选用了一种高级的黑色,上面配以中国传统花纹,商标烫银,简洁高端,比较有定制礼盒的感觉;盒子的结构采用了抽屉式包装的形式,内部结构分两层,配有空气隔板。

2. 实践案例二: 传统米糕新口味,中医走进寻常家

中国中医学自古以来就有"药食同源"理论。余天成和叶榭软糕同为上海松江非物质文化遗产,基于"药食同源"的中医理论,因此,该团队尝试将两者结合,不仅能使自身适应现代化发展,融入社会,还能推广传承老文化,激起人们对非物质文化遗产的关注和重视。

最终该团队将余天成与叶榭软糕结合成"天成饼"软糕。"天成饼"的取名既选取了"余天成"品牌名的一部分,也有谓自然而成之意,体现出产品的自然选材无添加,同时也有"佳偶天成"之意,可常年做喜饼销售。包装外形结构选用了三角形,显眼突出。平面灵感来源于放在箩筐里的软糕。外包装根据口味的不同分为四种颜色,分别是:绿色——绿豆百合味、黄色——薏米人参味、红色——黑米红豆味、浅棕色——白豆沙桃仁味。包装底部设有小卡口,可以通过捆绑组合销售。

3. 实践案例三: 传统花草茶新包装,扩大年轻消费群体

中草药是目前年轻人群中比较热门的消费品。余天成目前的中草药包装配色,设计元素过于老套,且不太符合产品自身,不适合年轻群体消费。该团

队希望将整体设计元素更加现代化,满足年轻人的审美需求,符合市场需求,以自然花卉图案成为花草茶包装的主要图形元素,提取了余天成堂老上海时期的广告招贴色彩;在图案上,参照自然实物,进行手绘图案,体现出自然、淳朴的感觉;同时为了更符合"老上海"的时代特点,选取了中文和拼音并存的元素;最用心的是,用量信息优化标注,表明了一次几克的同时具体标注了大约多少颗、多少朵。

（六）关注未来,为未来铺设道路

1. 实践案例一: 余天成中医药奶茶店的设计

余天成堂本身就拥有几十家中药门店,门店地处旺铺地区,拥有得天独厚的地理优势。门店目前只销售药品,缺少消费者黏性。目前,各大中医药公司都在做一些与时尚实体消费产业的融合,如百年老店胡庆余堂推出"中草药咖啡",王老吉4年欲开3 000家现泡凉茶实体店。因此,该组成员做了一个畅想,希望打造一个全新的以中草药为品牌营销策略的奶茶连锁店。奶茶店投入小见效快,普及中医的同时,增加消费者停留在余天成堂的时间。

最终,该团队的方案落实在利用余天成堂目前现有门店优势,设计一个茶和奶的中药结合品牌"余留茶堂",在养生的同时,普及中草药文化,让中药文化走进普通民众的生活,既美味又养生,同时达到宣传中医药文化的最终目的。该团队采用中草药相关的主题设计,设计了所有菜单和杯具,例如草药的品种及作用分析,医药典故等,同时,在门店设计上,以朴素颜色作为背景的中式风格,在体现中华文化古朴之美的同时,又具有现代设计感。

2. 实践案例二: 余天成科学普及

根据调研发现,大部分松江大学城学生对医疗知识较匮乏。年轻人的养生意识薄弱,大学生不知道如何看病买药,大名鼎鼎的余天成堂,在松江大学城范围的影响力非常小。余天成堂作为百年老字号,应对社会有一些公益性的中医知识普及,尤其对年轻人的中医知识普及,为未来的消费群体做铺垫。

因此,该团队用趣味小手册的形式来科普关于大学生日常中医药养生的知识,科普对象为松江大学城学生。科普内容集中于中医药对大学生常见病的调理,以及每一种疾病在中医药理论中的可行调理方式。该团队成员发挥了她们绘画特长优势,将其做成更有趣的视觉化形式,让年轻人甚至孩子都能接受。

四、余天成堂中华老字号品牌重塑实践的意义

本期课题的选题,是在反复论证后选择的。夏寸草在初步选题时也是非常犹豫。中医文化博大精深,她对用设计的手段振兴中医类老字号并无太大把握,在和松江文化馆馆长陆春彪先生沟通后,得到了他坚定的支持。因此,在用设计的手段对非物质文化进行创新时,主题选择是非常重要的。最终的实践成果,以余天成堂为例,也可为其他中医类品牌重塑作标杆。在最终的成果汇报过程中,团队提出的众多新想法,得到了上药余天成(上海)医药有限公司党总支书记张庆英先生的认可和好评。当然,最终的成果尚在转化中,并非所有实践案例都得到了采纳和认同。但是,希望新兴设计师的想法能触动企业的领导者,为他们开拓更广阔的思路,提供更新鲜的想法。

第五节 筷子文化

一、筷子文化

筷子,在史书上也叫筯、梜、櫡等,大多数情况下都叫箸。

到了明代,箸在江南一带开始称之为"快儿""快子",由于喜庆上口,逐渐被人们接受。此变化源于陆容《菽园杂记》中有关时俗的记载。那时水上行舟之家讲究避讳,以吴中(今苏州)一带为甚,如忌讳"翻""住"等字眼,于是称"箸"为"快儿""快子"。

到了清末民初,开始在"快"字加上竹字头,慢慢成为现在大家熟知的"筷子"一词。

关于筷子的历史起源,众说纷纭,有历史记载的最早说法为3 000年。其根据是《韩非子》所说的"纣为象箸"的记载。既然商纣王能够使用象牙筷来进食,说明当时筷子的材质已经非常广泛,肯定普通臣民是不会用这样奢侈的象牙筷,进而也证明了竹木筷子依然是大多数民众使用的夹取食物的主要工具。作为筷子的起源,只有3 000年的说法是不准确的。考古发现,齐家文化遗址就发现有4 000年前的小米制作的面条出现,这种面条肯定需要煮沸而食,当然需要有筷子来进食;不用筷子也可以,必须要等冷了之后可以用手或者其他工具,因此,也可以推断筷子就有可能成为辅助性的餐食器具。

根据新的考古资料,早在8 000年前的新石器时代,跨湖桥遗址的人类就开始使用筷子来进食。在龙虬庄文化遗址中,又出现了五六千年前一种用骨头打磨而成的筷子。这种骨筷,较之木筷有了更大的进步,也进一步证实在中国历史上筷子是不断进步发展的。

筷子的材质，大多数以竹木为主，还有其他不同材质，共同组成了丰富多彩的筷子家族。夏商时期出现青铜箸、象牙箸、玉箸；春秋战国有了铜筷、铁筷，汉魏六朝的漆筷；到了唐宋时期有了精致名贵材质的银筷、金筷、珊瑚筷；到了明代，筷子有了天圆地方的形制，一直到今天成为筷子的基本标准。

在使用筷子之前，祖先是用手来进食的，还用过刀叉，但最后取而代之的是筷子，这是自然选择的结果。

祖先用筷子吃饭，是一种智慧的创造。不仅如此，在饮食进化过程中，还创造了与筷子相关的传统文化，成为中国文明史上的一个重要组成部分。

筷子是中华民族标志性的文化代表。其不仅是中国人日常生活中的餐具，与人们的生活息息相关，更是中华民族传统文明的象征。在数千年文明发展中，筷子孕育的中华优秀传统文化，积淀着中华民族最深沉的精神追求，代表着中华民族独特的精神标识，代代相传，也是中华民族传统文化的重要载体，生生不息，对延续和发展中华文明、促进人类文明进步，发挥着重要作用。

由于各种原因，筷子的禁忌、礼仪等习俗被逐渐忘记。如今，进行"筷子习俗"非遗，就是为了重新拾起对筷子的文化记忆，更好地树立起良好的餐饮文明，展现当今筷子文化与时代契合的新的社会风尚与精神面貌。

二、申请非遗

对于筷子文化是否需要申遗，社会反应不一。很多人认为，筷子是现实生活中一日三餐都在使用的餐具，还需要保护吗？上海有家著名的报纸曾经以筷子还需要申遗为题，就反映了这个观点。这是非常具有代表性的观点，认为筷子不会消失，根本不需要进行保护。但是，这种观点恰恰忘记了附着于筷子本身的文化。在近百年社会生活变革中，传统的优秀的筷子文化在不断失去，逐渐抛弃了一种传承了数千年的中国文化传统。

通过数年的调查，基本有这样的发现，对于筷子及其文化，国人是了解不多的,往往停留在餐具的层面,而忘却了筷子背后深邃的文化含义,这是一种令人震撼的文化现象。

十四亿人口的筷子使用大国,竟对筷子文化如此淡漠,漠不关心,使人心寒于筷子使用的频繁,和对筷子文化的知之甚少形成了强烈反差。作为中国唯一一家筷子文化类社团组织,我们有职责也有必要保护筷子的本体与文化。

如要更好地传承筷子传统文化,就必须将筷子文化纳入国家非遗项目。

三、挖掘松江筷子文化

2017年“筷子习俗”成功申报松江区非遗保护项目,这是里程碑式的文化跨越,标志着正式踏入国家非物质义化保护的初始台阶。为此,就更加需要对松江区特有的筷子文化进行历史性的发掘。

松江地区的筷子习俗是中国文化的一个组成部分,这种文化符号,既有全国文化的普遍特点,更有地方文化的特色。

松江,古称华亭,东汉建安二十四年,始见于史籍。松江位于上海市西南部,风光绮丽,具有典型的江南文化特征。

松江地区有上海众多的山丘,九峰是松江境内十几座小山丘的总称,逶迤13.2公里,远远望去,山峰连成一线,犹如一条绿色长龙。山体表面林木深秀,森林覆盖率达86%以上,其中佘山、天马山等就生长着竹子。自古以来,松江人使用的筷子大多数是竹子制作的,为了满足日常所需,各个市镇还有专门制作筷子的篾匠,还有自产自销筷子等日常生活用品的供销社门店。

松江也是一个历史悠久的地方,早在五千多年前的广富林人在此生活,至今依然保留了各种文化古迹,唐代陀罗尼经幢、宋代兴圣教寺塔(俗称方塔)、明代照壁、秀道者塔,还有初建于清同治的佘山天主教堂等。

历史上,松江经济发达,物产丰富,人们安居乐业,生活富裕,保存了大量优秀的民族传统,其中筷子习俗作为中华传统文化的一部分得以继承与保存。

松江也曾是达官贵人聚集的地方,徐阶、董其昌等都曾经在此生活,他们讲究生活品位,筷子就成为富裕人家的标志,银筷更是餐桌上必不可少的饮食用具。为此,松江就出现了非常著名的银子制作工匠,为银筷制作提供了条件。

元代泗泾人陶宗仪《南村辍耕录》中所记大量资料都是经社会调查采集的第一手资料,内容翔实,对研究江南地方历史,特别是民俗风情极为珍贵,其中就有关于筷子的习俗。据记载:松江曾有工艺非常精湛的银匠,他们制作的银筷成为大户人家的餐饮器具。

《南村辍耕录》还记录了当时宫廷丧葬时候,需要筷子进行陪葬的习俗。

在长期的日常生活中,松江人形成了一整套的筷子习俗,成为生活的一种规范。

在民间就流传着《一把筷子折不断》的故事。这是一则十分古老的传统说教故事,至今依然有其价值,深受民众的喜欢,在松江人的口中也表现得活灵活现:很久以前,有一个老农,年迈体弱。老农共有十个儿子,这十个儿子,有九个儿子非常孝顺,也很团结,唯独一个小儿子生性倔强,时常不听几个哥哥的劝导,经常在外面闯祸。一天,老农终于因为年纪大,加上劳累过度,病倒在床,只剩一口气。九个孝顺儿子守在床边,含泪抽泣。老农竭力睁开眼睛,他看到身边的九个儿子,便伸出一个小指头,大儿子马上领会父亲的意思,出去把小弟找了回来。小儿子来到床边,老农又叫二儿子拿来一把竹筷,在其中捡了一支让小儿子折,小儿子没费什么劲就折断了。老农又叫小儿子折断这一把竹筷,小儿子费了好大劲都折不断。老农吃力地对小儿子说:"你一个人好比一支筷,容易折断,容易被人欺侮,你们十个兄弟就好比这一把筷捆在一起,力量大,别人就不敢来欺负,你们要团结啊!"说完,老农闭上了眼睛。小儿子终于明白了父亲的临终遗言,痛哭着一头扑在父亲的身上。后来,十个儿子团结一心,过着幸福的生活。

此故事最早见于古代典籍,到1987年在天马山采风时依然采录到这样的故事,可见其生命力之强。

　　松江人会从孩子们拿筷子的方式方法上，做出某种判断。如果孩子在刚开始学用筷子的时候用手掌一把握住筷子吃饭，人们会认为这个孩子长大后不会是个聪明人。

　　吃饭时，拿筷子的手总是握在筷子的末端，人们会认为这个孩子长大后喜欢出远门。但还有一种说法，如果是男孩子，将来娶的妻子可能离此很远。如果是女孩，则很有可能会远嫁。假如拿筷子的手常常握在筷子的下端，则会认为他们的婚姻在当地就能完成。

　　在婚嫁中，还形成了一套完整的筷子习俗，客人祝贺要送筷子。结婚时，姑娘出嫁的彩礼里放置有筷子，象征早生贵子。

　　过去农村新房即将建成时，必定举行上梁仪式上要有筷子，象征人丁兴旺等。人死后，要煎一只荷包蛋，放在碗里，而碗上只放一根筷子，表示阴阳两隔。这些习俗都在逐渐消失。

　　松江人吃饭时，筷子一定要摆放整齐，不能随意乱放；必须遵循一家之主动筷，大家才一起开始吃饭的传统礼仪。

　　夹菜时，要撩自己面前的菜，不可以随意撩到其他人面前，跨界撩菜是一种不礼貌的行为。

　　过年过节时，会换上新筷子，招待客人也会使用新筷子。当有贵客来时，会用比较好的新竹木筷或者红木筷、象牙筷等来进行招待。

　　在传统艺术表现方面，也有对筷子习俗题材的展示。松江剪纸大师钱炳荣在他的剪纸艺术里，就有很多反映人们使用筷子的生活场景，生动地展示了松江人的风土人情。

　　民俗学家欧粤在他的《松江风俗》一书里，就提到松江人"就餐用筷，有六忌。一忌半途筷，即将食品夹住又放下；二忌乱筷，即挑精拣肥，在菜碗里乱翻乱搅；三忌窥筷，即手握筷子，目光盯住菜看；四忌碎筷，即用嘴撕拉筷上的食物；五忌签筷，即以筷当牙签；六忌泪筷，即夹食物时滴汤不止"。

　　这些习俗，长期以来作用于人们的头脑，左右人们的行为，带有某种文化暗示，现在视之，虽不科学，但并不妨碍人们对这种现象的传承，且津津乐道。这就是筷子与我们之间的关联，是筷子文化一个很重要的组成部分，其影响之广，渗透之深，有其独特之处。

四、文化的学术化

任何一种文化都必须在学术层面上加以学术化，没有学术化的文化是肤浅的、表面的，对于筷子文化而言，同样如此。在大多数人的眼里，筷子哪里还有什么文化，只不过是吃饭工具而已。其实，吃饭也是一种文化，只不过还没有认识其为文化，更何况用于吃饭的工具，更是一种叠加的文化，没有对筷子文化学术化的研究，就只能停留在筷子实用价值的层面。

此话不差。但是做起来却不容易。过去我们的筷子文化主要放在收藏方面，对古筷非常钟情，谁在古玩市场找到一双古代筷子，往往会注意其年代、形制、材料等，购买之后珍藏起来，束之高阁，没有将筷子本体再研究下去。这是由于收藏者的个人知识缺陷所造成的，他们都是来自基层的文化爱好者，没有高等教育的背景，因此，对筷子的认知往往停留在鉴定真伪、辨别稀有等收藏方面的基本知识，缺少更深层次的探讨与研究。

要研究筷子，必须对其文化加以深刻了解。

为了更好地宣传中国筷子文化，建立新的筷子文化体系，上海筷箸文化促进会自2012年成立以来，把主要工作放在筷子文化的研究上。

开始之际，我们克服了资料短缺的困难。人们都认为，筷子的资料非常有限，几乎没有可能再会发现新的筷子文化材料。这其实是一个误区。既然筷子是跟随中国人的饮食文化一起度过漫长的数千年历史的，老祖宗不可能不记载筷子文化。经过数年的不断摸索，寻找到了大量新的、从未被发掘的第一手资料，不仅有考古的，还有文献的；不仅有民间的，也有官方的记载，这些足以构成庞大的筷子文化研究资料库。

有了史料作为依据，就有了一定的话语权，不再人云亦云。在日本召开的首届筷子文化研讨会上，有日本学者认为，日本的筷子有5 000年历史，而中国学者说中国筷子只有3 000年历史。如此不对等的话语，表达的是我们对筷子文化及其历史的无知。其实，所谓3 000年的历史，源于《韩非子》记载的"纣为象箸"一词，这是一种文字记载，并不等于筷子的形成只有3 000年；再说"纣为象箸"，恰恰表达的是商代就有了象牙筷，而象牙筷并不是最早的筷子材质。根据考古发现，有人认为在跨湖桥文化遗址上就有筷子雏形，其历史在8 000年左右，大大地跨越传统的所谓3 000年的旧说。

诸如此类，还可以举出不少的例证，都说明随着筷子文化研究的不断深入，会有新的观点与材料的发现，也为筷子文化的研究增添新的活力。

有一个说法是，筷子文化的真正研究是从21世纪10年代之后开始的，之前虽有著作，尚属发轫初期，大多数是介绍类文章，而非对筷子的系统研究。

（一）从个人研究到集体撰写

筷子文化研究，分个人研究与集体研究两种。在个人研究方面，有的学者已经是耄耋之年，如王达先、王国杰先生，虽是筷子文化战线上的新兵，但对筷子文化的热情不减，甚至比年轻人还充满学习的活力。他们不断写出新的筷子文章，发表在电视、电台以及大学学报、非遗和文化学刊上，受到学界的广泛关注。

集体研究筷子文化，主要表现在著作的撰写上。《筷子文化·少儿版》是一份针对小朋友的普及类教材，由于利用了集体的智慧，仅两月余，就完成了从设想到出版的过程。一个月内完成了全部文字的统校与定稿，随后进行插图，大家群策群力，利用各自资源，找来图片，为文字插上配套图片、照片、绘画等，最后文字与图片作者加在一起就有20多位，不仅使得全书通俗易懂，还更加生动活泼，而且为筷子图书的出版，积累了丰富的经验。

另外，《筷子文化概论》同样是一部集体创作的著作。其编纂的目的，是在更高层次上介绍筷子文化及其历史，特别是对网络上的种种说辞进行拨乱反正，是一部真正反映筷子文化本来面目的书。

应该说,筷子文化研究是一个刚刚起步的领域,过去研究者少,必须要借助大家的力量,才能合力做好这件事。2018年8月举行的"筷子文化概论研讨会",除了我们促进会的专家之外,还邀请了青岛、无锡、北京、赣南和东京的著名民俗文化学者进行研讨,短短两天时间,确认了此书的价值、意义,确定书稿的主要框架及其分工,随后各自进行撰写。经过半年多的时间伏案疾书,近30万字的书稿基本成型。2019年4月10日,根据出版社的校样,再次进行最后审定,大家都觉得这是中国第一部比较全面地阐述筷子文化的著作。

(二) 研讨会

研讨会最能够集中反映一个学科的实际水平,也是检阅研究队伍的最好方法。2013年开始至今,我们在缺乏资金的情况下,已经召开了"中国筷子文化研讨会"五次之多。

第一次筷子文化研讨会,当时参加的人数不到十人,只有区区三四篇文章,几年之后发展到了几十人;会议议题也从筷子历史、禁忌扩展到与筷子相关的其他社会科学方面。随着研究的不断深入,2016年的研讨会,参加会议人数达60多,论文就有30余篇,来自北京、山西、江苏、山东等地专家纷纷发表自己的研究成果。会后,大多数文章都在各种学术期刊与学报上发表,显示了较高的学术水平。

中国的筷子文化研究从上海启航,经过几年的发展,组建了一流的筷子文化研究队伍,其中参与单位有华东师范大学、上海大学、上海海洋大学、上海社会科学院等,更为筷子文化研讨会增添了新鲜力量。"中国筷子文化研讨会"的不断举办,得到了国内外学界的普遍关注与认可。

五、推广的系列化

筷子习俗是筷子文化的一个组成部分。文化是要推广的,否则普通老百姓是不会了解的。筷子是一种既熟悉又陌生的器具,说其熟悉,是因为每天三顿都会用到;说其陌生,对其所附着的文化不一定都知道,即使是文化人也未必都了解。因此，有必要积极推广筷子这一非常传统的又不为人所关心的文化。

推广筷子文化，就需要找到抓手，将进餐工具背后的文化进行文字表述，广泛调动群众参与性。这种参与不是一次就能成功的，也不是一年就能做到，需要不断地进行宣传和互动，才能加深认识。经过五六年时间的推广、宣传，我们有了自己的文化品牌，而且这种品牌已经上升到一定的知名度，这就是"颂筷"系列。

（一）"颂筷"系列

自2014年开始，我们举办《故事颂筷》《对联颂筷》《诗联颂筷》《儿歌颂筷》《民歌颂筷》《新诗颂筷》等全国性的征文活动，参加人数有万千之多，江苏、浙江、山东、河南、河北、黑龙江、甘肃、新疆、西藏、广西、广东、云南、海南岛、辽宁、四川等地，包括港澳台及美国、澳大利亚、新加坡等在内华侨也发来征文，大大扩展了中国筷子文化的知名度与影响力。大学教授、博导，甚至连边远地区的小学生都积极投入征文活动，每次征文活动都有数百件作品之多，对联来稿更是高达一两千篇，内容大都与筷子习俗及其文化有关，都属于原创性作品，这是历史上从未有过的，大大丰富了筷子文化的资料，成为研究筷子文化的宝贵财富。

如今，"颂筷"系列通过每年一次的征文活动，大大弘扬了中国传统文化，并且创造性地将传统与现代结合起来，形成一种新的文化潮流；坚持了数年之后，"颂筷"系列已经为宣传筷子文化提供了一个崭新的平台。

"颂筷"系列大受欢迎的原因，在于筷子文化与人们喜闻乐见的艺术形式紧密结合。如，对联在群众中有广泛的基础，筷子又是家喻户晓的餐具，在此基础上必然会产生创作的火花；同样，儿歌是小朋友喜欢的艺术品种，它能够寓教于乐，启发心智，具有极大的教育作用；再者，儿歌创作者更是众多，其中不乏具有一定知名度的作者。因此，每次"颂筷"活动都取得了丰硕成果。

（二）延伸发展

系列化推广筷子文化的第二个方法，就是利用各种艺术形式来延伸筷子文化，尽可能地将人们耳熟能详的艺术形式结合筷子文化的内容推广，让大众在不知不觉中接受筷子文化的熏陶。

我们用文学形式创造出各类作品来宣传筷子习俗。例如创作了诗歌《中国筷子之歌》，编排了筷子舞蹈、筷子操，开创了筷子剪纸、筷子摄影以及筷子游戏等形式，极大地提高了筷子文化的可看性与参与度。

特别是在打浦桥社区文化活动中心，由于组织到位，来参加活动的市民川流不息，使活动显得生气勃勃。会员们才华横溢，积极参与，发挥了一技之长。如周根发的筷子武术表演、赵志诚的京剧演唱、胡芷苓的沪语儿歌朗诵、吕莉的筷子历史故事演讲等，这些演出的节目个个有声有色、别具一格、深入人心。陆宏兴、唐正龙的筷子制作表演，刘佩玉的花带编织表演，王国杰的筷子文化讲座，江佑振、陆长辉的书法表演，都为活动增添了色彩。陈和昇、袁荷叶、徐寒平等在筷子游戏活动场地上管理得井井有条，观者乘兴而来，尽兴而去。

筷子文化活动内容丰富多彩精彩纷呈，深受社区居民的欢迎，其主要原因就在于独特的筷子文化内容吸引了群众的眼球；其次是把筷子文化系列化，将筷子文化展、筷子武术、筷子诗歌朗诵、筷子舞、筷子操等新创作的文艺节目进行表演，同时还与筷子游戏、筷子制作的体验活动有机地结合起来，进行了一场别开生面的筷子文化系类展演，这是前所未有的筷子文艺演出与互动，深受市民喜爱与欢迎。

"筷子习俗"作为中国第一个区级非遗项目，进入社区，进入寻常百姓家，让社会了解筷子文化，对丰富非遗文化、创造美好生活都有着积极的意义，让我们不遗余力地维护好这一传统文化，把筷子文化的宣传、推广、研究、发展进行到底。

活动还得到上海电视台和《解放日报》《上海老年报》《劳动报》等20多家

传统媒体与新媒体的大力宣传与报道。

（三）考察活动

筷子文化的考察活动，也是系列化活动之一。这种考察加深了我们与外地筷子收藏家、生产厂家的联系。在考察中，我们参观了地方博物馆，如扬州博物馆、南通博物院，看到了古代的筷子，对于筷子的历史、形制都有了新的认识。在扬州博物馆里，保存有6 000年历史的龙虬庄遗址的骨筷，亲眼看到珍藏在展柜内的骨筷，对老祖宗的筷子制作技艺感叹之余，也为祖先的智慧所折服。在南通博物院，存有一双已经锈迹斑斑的刀筷，筷子是象牙与银子打造的，握柄的象牙部分尚清晰可见，可是筷头金属部分已经朽烂。不管怎样，这双刀筷，依然流露出一种高雅的贵族气质，并非百姓家所能拥有的东西。这些，让我们更多地了解到了筷子的历史。

考察的行程也是各地筷子收藏家建立友谊，互相了解的过程。德清的费银平、扬州的胡学明、无锡的吴琦华，都是我们在考察时候专门拜访的对象。没有与他们接触之前，一直认为上海的筷子收藏全国第一，无论是数量还是在质量方面，都无可匹敌；但进行深入了解之后，发现此观点差矣。各地都有筷子文化爱好者及收藏者，他们也都默默为筷子文化做着自己的努力。

除了国内考察之外，我们还去日本进行实地筷子考察活动。

在日本，我们参观了浦谷兵刚的筷子生产工厂，为他们一丝不苟的筷子制作精神与环保意识所震撼。特别是参加了8月4日的筷子祭活动，更加感受到一种对筷子的神圣敬畏。日本是一个崇尚神灵的国家，他们把日常生活的器物也作为一种崇敬的对象，这是我们从未想过的事情。

通过考察，我们知道在日本新舄的一宫神社，每年10月9日要举行一次盛大的祭祀活动。这个祭祀活动起源于平安时代，在整个活动中，首先要向神灵们贡上一双很长的大筷子。据说，这个神社供奉的是农业神，他们想通过这双筷子向众神们供奉上当年的新收谷物，请众神与人同享，以求神灵保佑明年五谷丰登。

类似的活动还有很多,如奈良市的春日大社、广岛县的严岛神社等,每年都要在规定的时间内举行神社活动,这些神社活动都离不开筷子。

这些日本筷子祭祀活动,也称之为"筷子节",都是难能可贵的筷子文化的传承,值得学习。

韩国筷子庆典,也是我们近年来经常考察的内容之一。从2015年开始,我们已经先后有四五十人通过自费等各种形式到韩国清州进行筷子文化考察,从中了解到韩国筷子文化的大致情况。

韩国的筷子庆典也称之"筷子节",具有五个特点:一是政府支持,二是专业团队,三是群众参与,四是固定时间,五是开放形态。其中最重要的一条就是政府财力的慷慨支持,为此还成立财团,进行专门资金的运作,这是其他国家都无法比肩的。由于有资本后盾,从2015年开始,清州每年都举办筷子庆典,并且把11月11日固定为"筷子节",邀请中国、日本、越南等国的"中华筷子文化圈"的国家进行文化交流,发动全市市民都来参加,连小学生都络绎不绝来参观筷子展览,参加筷子游戏活动。可以说韩国的筷子庆典是成功的,这是以政府作为背景的大型文化活动,是一种文化的延续,虽然也遇到各种各样的变化,但他们依旧初心不变,更不以最高长官的变更而随便改变。

如今,中国的"筷子节"、日本的"筷子祭"、韩国的"筷子庆典"都在如火如荼地开展,都属于东亚筷子文化的一个有机组成部分。这些筷子节日的存在,共同营造了欢乐祥和的以筷子为主题的庆祝活动。这是一种新的节日形式,相信中日韩三国民众的智慧会为筷子节日添加许许多多的新内容。

我们一直在呼吁设立"筷子节",其实是在呼吁将中断的筷子节重新延续下去,只有在筷子节上才能更好地将传统的"筷子习俗"展示出来,并与社区群众一同庆祝、狂欢。如今"筷子习俗"进社区活动,围绕筷子文化的运作、系列表演、游戏、制作活动,可视为"筷子节"的一种预演,为筷子节的恢复奠定了一定的基础与思路。

六、宣传的制度化

随着社会的发展，传统的筷子习俗逐渐被淡化，有的甚至消亡。人们不再遵循传统的筷子习俗，甚至反其道而行之，大大破坏了传统礼仪道德，违背了中华民族传统。

在饭店里，随意拿筷子作为乐器，敲打出声音。

吃饭之前，随意让孩子玩弄筷子，或者在家长、客人未上桌前，就让孩子提前动筷子搛菜，也是一种不礼貌的行为。

筷子随便摆放，没有一定之规，大大地破坏了中华民族的文化传统。

为了继承优秀的传统文化，唤醒对于筷子文化的民族记忆，上海筷箸文化促进会于2015年在青浦召开了"筷礼设计会"，以弘扬筷子文化，重拾筷子习俗。

七、分不同年龄段，给不同的人上课

首先，筷子文化要给大学生、研究生授课。我们曾分别到上海社会科学院、上海大学、上海视觉艺术学院上课，让这些即将踏上社会的文化精英了解、接受中国的筷子文化，通过他们的传播可以让更多人知晓筷子文化。

其次，让一般群众能够知道一些筷子文化的基本知识。徐华龙、王国杰、朱亚夫曾经在上海广播电台与市民畅谈筷子文化，受到好评。同时，我们还数次到社区开讲座，把筷子文化传播给群众。通过这些基本性的筷子文化介绍，让大家知道筷子文化，重新拾起对传统文化的兴趣。

第三，对孩子进行传播。筷子文化从娃娃抓起，是一种见效大传播广的行之有效的途径。孩子们刚刚用筷，这时候给他们传播筷子的正确使用方法和一些基本的文化知识，会在他们幼小的心灵上扎根。胡芷苓曾在松江区九亭第三小学、第四幼儿园，闵行区圣淘沙幼儿园等多次给小朋友上课，进行筷子文化知识互动，极大提高了孩子们学习筷子文化的积极性，同时，也受到学校与幼儿园老师们的热情欢迎与高度肯定。

上海筷箸文化促进会经常到社区，指导小朋友学习筷子正确使用方法，同时，还通过小朋友用筷子夹弹子的游戏，提高他们正确使用筷子的积极性。另外，还教小朋友唱筷子儿歌，让他们在歌谣里传承筷子习俗，了解筷子文化。

第四，办展览。举办筷子文化展览也是宣传中国筷子历史、习俗的好方法。过去七八年里，我们举办过"中华筷子文化展""筷子文化收藏展"等六次展览活动，特别是2016年在松江区二陆艺术馆举办的筷子精品展览，受到新华社等媒体的关注，专门委派十几个小记者来进行采访，扩大了筷子文化的影响力，也受到了广大市民的欢迎，参观者络绎不绝。来自全国各地参加"中国筷子文化研讨会"的代表们，专程从市区赶到松江观摩这次精彩的筷子展。

以往的筷子展览，大多数为实物展，但是由于展览场地的限制，会出现没有展柜而被迫放弃的尴尬情况。同时，也由于过去只强调筷子的材质、年代、造型等造成了审美疲劳。如何突破这种束缚成为面临的困惑。经过研究讨论，发现筷子也是一种艺术载体，可以从与筷子相关的艺术着手，展示筷子艺术也不失为是一种好方法。

八、著述与影响

上海筷箸文化促进会自从2012年成立以来，到2017年已有整整五个年头，为此，组织了五周年庆活动，中国民间文艺家协会、上海民间文艺家协会、山东民间文艺家协会以及各地民俗学会、炎黄文化研讨会等单位，都发来热情洋溢的祝贺信。

为了保存这些珍贵的资料，我们将这些祝贺书信进行印刷，成为可以传播的小册子。

在这本小册子里，刊登了徐华龙会长撰写的《答谢词》，以感谢各方对促进会的关心与支持：

2012年2月6日，上海筷箸文化促进会（以下简称促进会）宣布成立，至今已有六个年头。去年，我们召开了促进会成立五周年庆祝会，收到了国内各学会(协会)和新老朋友的大量祝贺信与祝贺诗画,还有日本、韩国的筷子文化同行与好友的贺信与书法,所有这些都表达了一个共同的心声,祝贺促进会取得了丰硕成果!

这些资料弥足珍贵。为了能够把这些珍贵的资料保留下来,不让其丢失,需要汇集成册,这对于我们来说,无疑是莫大的责任。同时,这也是对发来祝贺信与祝贺书画的单位与个人最大的尊重与最好的答谢。

光阴荏苒。五年时间,对一个孩子来说,还是刚刚摆脱牙牙学语、蹒跚学步但已开始自己独立走路的阶段,对于我们促进会而言,五年之中,做了大量的普及与研究工作,引起社会的关注,提升了筷子文化的影响力。

促进会是以筷子文化为主题的社会团体,人们开始很不理解,筷子还需要成立一个社团组织吗? 有必要吗? 经过五周年时间的努力,人们基本改变了原先的看法,一致认为筷子是有文化的,而且还是具有深厚文化底蕴的。

筷子伴随着祖祖辈辈一起生活,有着数千年的历史,人们对它并不陌生,一日三餐都需要筷子的伴随,是地地道道的餐饮工具,缺之不可。长期以来,人们仅停留在生活的层面,未关注到其文化的附加,及其表现出来的各种各样与筷子相关的文化,如礼仪、禁忌、方法、历史、诗歌、故事、谚语等。其实,筷子不仅仅用来吃饭,还用于其他方面,如纪念故人要摆上碗与筷,倒上老酒,恭恭敬敬进行拜祭,这是表示一种尊敬;饭后高兴之余,一边吟唱一边拿筷子敲打桌子成为节奏,表示一种高兴与兴奋(此行为被视为对筷子的不敬,但至今依然可见这样的场景)等等。

以上为部分答谢词。

为了扩大筷子文化的影响,我们还广泛依托媒体进行宣传。设立了以"上海筷箸文化促进会"为名的公众微信平台,还在头条新闻中注册了"筷箸文化"栏目,将筷子文化信息进行公开发布,起到积极推广筷子文化的作用,我们会员写的一篇关于筷子礼仪的文章,两天的点击率达到六七十万次,大大超过想象。

在这些文化平台上，宣传筷子文化，其实就是宣传中国传统文化。如今，中国文化已经活跃在世界舞台上，国际之间的交流也越来越多，筷子作为中国文化的标志，外国人要了解中国，最简单的就是掌握筷子的使用方法，由此可以了解中国传统文化及其筷子习俗。

在这些微信平台上，很多是介绍筷子拿法的内容，很有实用意义。中国有十几亿人，每个人使用筷子的方法不尽相同，这是需要进行启蒙教育的。但是现实生活中，人们对此没有共识，认为只要可以夹菜，什么样子的拿筷方法都可以。这与不了解筷子历史、习俗有着直接关系，更主要的是教育不够，其中也包括家庭对下一代传统教育的缺失密不可分。

因此，正确介绍筷子习俗就成了当今全民传统文化的必修课。

为了进一步扩大筷子文化的影响力，传承筷子习俗，保存中华民族优良传统文化，这是一项任重道远的艰巨工作，需要在更高层面上进行总结、研究。

出版各种筷子文化著作，就是在传播优秀传统文化。2017年，我们编写了中国第一部针对少年儿童的普及读本《筷子文化》；2018年，我们继续编写《筷子文化教程》，作为真正能够代表中国筷子文化水平的研究性著作，而不是网络上没有科学依据的胡编乱造的内容。这本著作是多人合作的结果，最大程度上集中了中日韩三国筷子文化研究人才，真正做到传播筷子文化，向社会宣传筷子文化及其习俗，让筷子习俗家喻户晓，让更多的人加入传承筷子习俗的行列。

上海筷箸文化促进会还出版了《中国筷子文化论集》，还有介绍筷子历史的专著《箸史》《筷箸史》等著作，比较全面地研究了筷子文化的历史及其文化，这些著作在大陆、台湾两地顺利出版，引起广泛关注。

参考文献

2005—2017年上海市松江区非物质文化遗产保护中心,各年度《非物质文化遗产政府报告》

［1］张卫红.非物质文化遗产视角下传统技艺的传承与保护［J］.中小企业管理与科技(下旬刊),2019(03):101—103.

［2］肖成刚.四川省非物质文化遗产汉源彩塑传承人口述实录［J］.成都大学学报(社会科学版),2019(02):118—128.

［3］郑泽蒙,张璐.少数民族传统体育非物质文化遗产保护与传承方法研究［J］.当代体育科技,2019,9(12):192—194.

［4］赵玉釜,李华,陈亮,李进生.节庆类非物质文化遗产产业化发展模式探究——以广西宾阳炮龙节为例［J］.地域文化研究,2019(02):146—152,156.

［5］余础础.论社区教育与闽南非遗的保护传承［J］.闽南师范大学学报(哲学社会科学版),2019,33(01):55—58.

［6］陈修岭.复兴之路:旅游市场中非物质文化遗产的产业化——以云南大理非物质文化遗产产业化实践为例［J］.中南林业科技大学学报(社会科学版),2019,13(02):86—94.

［7］戴俊骋,李露.非物质文化遗产旅游和地方建构［J］.旅游学刊,2019,34(05):3—5.

［8］王晓华.非物质文化遗产旅游化利用中的地方文化精英［J］.旅游学刊,2019,34(05):5—7.

［9］杨永平.非物质文化遗产的多元保护与传承途径研究——以川北薅草锣鼓为例［J］.四川戏剧,2019(03):120—122.

［10］严鹤峰,袁丽.陕西现代非物质文化遗产的传承与保护［J］.吉林广播电视大学学报,2019(04):27—28.

［11］叶建芳.非物质文化遗产传承与职业院校人文素质教育实践——以南宁职业技术学院为例［J］.智库时代,2019(20):22—23.

［12］卢斌典,周金凤.“非物质文化遗产保护”语境下莱芜梆子的传承与发展［J］.人文天下,2019(06):50—54.

［13］石含洲,闫帮仁,邓鹭,秦秀强.侗族传统手工艺的传承困境与保护策略［J］.贵州师范学院学报,2018,34(11):29—35.

［14］董和谐.非物质文化遗产——昆曲的来源、保护与传承——读《非物质文化遗产保护与国家文化发展战略》有感［J］.戏剧之家,2019(14):37.

［15］岳春焱,韩霓盼,周柠汝,何思敏,厉鑫辉,毕洪东.非物质文化遗产传承与大学生社会实践融合的可行策略研究——以平湖西瓜灯项目为例［J］.高教学刊,2019(11):17—19.

［16］单姝敏,谢琴棋,赵媛媛.非物质文化遗产保护与传承研究——以合肥市为例［J］.住宅科技,2019,39(04):69—72.

［17］游红霞.非遗传承人的传承能力研究——基于上海地区非遗传承人口述材料的考察［J］.楚雄师范学院学报,2019,34(02):34—43.

［18］扎西翁加.传承之眼:“非物质文化遗产”保护的影像记录研究——以新龙藏历“十三节”为例［J］.四川民族学院学报,2019,28(02):11—17.

［19］陈柳希.非物质文化遗产的传承与保护——以广西彩调剧为例［J］.戏剧之家,2019(15):19.

［20］陈炜,沙润桐.广西非物质文化遗产传承人才职业教育培养的影响

因素及优化路径［J］.百色学院学报,2019,32(02)：108—114.

　　［21］刘怡汝.民间音乐类非物质文化遗产保护与传承研究［J］.黄河之声,2019(06)：10—11.

　　［22］邹龙妹,田川颐.少数民族民间文学艺术法律保护研究——以贵州为例［J］.沈阳工业大学学报(社会科学版),2019,12(03)：193—197.

　　［23］李晶亮,王坚.论电视节目在非物质文化遗产传承方面的功能［J］.传媒论坛,2019,2(10)：73—74.

　　［24］刘正发,刘辰.彝族国家级非物质文化遗产名录申报研究［J］.红河学院学报,2019,17(02)：30—34.

　　［25］李梅.非物质文化遗产的保护和传承——以孟连傣族"马鹿舞"为例［J］.北方音乐,2019,39(08)：33—35.

图书在版编目（CIP）数据

上海市松江区非物质文化遗产保护发展蓝皮书 . 2005—
2017 / 上海市松江区文化广播影视管理局编著 . — 上海：
文汇出版社，2019.12

（"人文松江"系列丛书）

ISBN 978 - 7 - 5496 - 3045 - 5

Ⅰ . ①上… Ⅱ . ①上… Ⅲ . ①非物质文化遗产－保护
－研究报告－松江区－2005—2017 Ⅳ . ①G127.513

中国版本图书馆CIP数据核字（2019）第243518号

上海市松江区非物质文化遗产
保护发展蓝皮书（2005—2017）

编 著 / 上海市松江区文化广播影视管理局

责任编辑 / 张 涛

封面装帧 / 梁业礼

出 版 人 / 周伯军

出版发行 / 文匯出版社

上海市威海路755号 （邮政编码200041）

经 销 / 全国新华书店

排 版 / 南京展望文化发展有限公司

印刷装订 / 上海新文印刷厂

版 次 / 2019年12月第1版

印 次 / 2019年12月第1次印刷

开 本 / 787×1092 1/16

字 数 / 165千字

印 张 / 12

ISBN 978 - 7 - 5496 - 3045 - 5

定 价 / 68.00元